Project 2019

SÉRIE INFORMÁTICA

Dados Internacionais de Catalogação na Publicação (CIP)
(Jeane Passos de Souza – CRB 8ª/6189)

Tavares, Maricy Moreno
    Project 2019 / Maricy Moreno Tavares. – São Paulo : Editora Senac São Paulo, 2019. – (Série Informática)

    ISBN 978-85-396-3096-7 (Impresso/2019)
    e-ISBN 978-85-396-3097-4 (ePub/2019)
    e-ISBN 978-85-396-3098-1 (PDF/2019)

    1. Administração de projetos 2. Administração de projetos – Programa de computador 3. Microsoft Project (Programa de computador) 4. MS Project 2019 (Programa de computador) I. Título. II. Série

19-1065t   CDD – 005.36
                                        BISAC COM051430

                 Índice para catálogo sistemático:

             1. Microsoft Project 2019 (Programa de computador)   005.36

Project 2019

Maricy Moreno Tavares

Editora Senac São Paulo – São Paulo – 2019

ADMINISTRAÇÃO REGIONAL DO SENAC NO ESTADO DE SÃO PAULO

Presidente do Conselho Regional: Abram Szajman
Diretor do Departamento Regional: Luiz Francisco de A. Salgado
Superintendente Universitário e de Desenvolvimento: Luiz Carlos Dourado

EDITORA SENAC SÃO PAULO

Conselho Editorial: Luiz Francisco de A. Salgado
Luiz Carlos Dourado
Darcio Sayad Maia
Lucila Mara Sbrana Sciotti
Jeane Passos de Souza

Gerente/Publisher: Jeane Passos de Souza (jpassos@sp.senac.br)
Coordenação Editorial/Prospecção: Luís Américo Tousi Botelho (luis.tbotelho@sp.senac.br)
Márcia Cavalheiro Rodrigues de Almeida (mcavalhe@sp.senac.br)
Administrativo: João Almeida Santos (joao.santos@sp.senac.br)
Comercial: Marcos Telmo da Costa (mtcosta@sp.senac.br)

Edição e Preparação de Texto: Rafael Barcellos Machado
Coordenação de Revisão de Texto: Luiza Elena Luchini
Revisão de Texto: Augusto Iriarte
Projeto Gráfico e Capa: Antonio Carlos De Angelis
Editoração Eletrônica: Sandra Regina Santana
Impressão e Acabamento: Gráfica CS Eireli.

Nenhuma parte desta publicação poderá ser reproduzida, guardada pelo sistema "retrieval" ou transmitida de qualquer modo ou por qualquer outro meio, seja este eletrônico, mecânico, fotocópia, gravação, ou outros, sem prévia autorização, por escrito, da Editora Senac São Paulo.

Todos os direitos desta edição reservados à
Editora Senac São Paulo
Rua 24 de Maio, 208 – 3º andar – Centro – CEP 01041-000
Caixa Postal 1120 – CEP 01032-970 – São Paulo – SP
Tel. (11) 2187-4450 – Fax (11) 2187-4486
E-mail: editora@sp.senac.br
Home page: www.livrariasenac.com.br

© Editora Senac São Paulo, 2019

Sumário

	Apresentação	7
	O que é a Série Informática	9
1	Conhecendo o Project	11
	Atividade 1: A tela inicial do Project	13
2	Conhecendo o calendário e as informações do projeto	21
	Atividade 1: Ajustando o calendário do projeto	23
	Atividade 2: Conhecendo a janela *Informações sobre o projeto*	33
3	Tarefas	37
	Atividade 1: Inserir e excluir tarefas	39
	Atividade 2: Vínculos entre as tarefas	46
	Atividade 3: Criar o cronograma	52
	Atividade 4: Entender como calcular o caminho crítico	70
4	Recursos do projeto	73
	Atividade 1: *Planilha de Recursos*	75
	Atividade 2: Alocação de recursos	82
	Atividade 3: Resolver a superalocação de recursos do tipo *Trabalho*	88
5	Linha de base do projeto	97
	Atividade 1: Inserir a linha de base	99
6	Execução do projeto	105
	Atividade 1: Campo *Data de status*	107
	Atividade 2: Dados reais das tarefas (atualizar tarefa)	110
7	Monitoramento e controle do projeto	117
	Atividade 1: Tabelas de monitoramento e controle do projeto	119
	Atividade 2: Relatórios do projeto	123
	Atividade 3: Comparar versões do projeto	134
	Atividade 4: Imprimir o modo de visão *Calendário*	137
8	Exercício proposto	143
	Projeto para a reforma de um armário	145
	Sobre a autora	151
	Índice geral	153

Apresentação

O que é a Série Informática

A Série Informática foi criada para que você aprenda informática sozinho, sem professor! Com ela, é possível estudar os softwares mais utilizados pelo mercado, sem dificuldade. O texto de cada volume é complementado por arquivos eletrônicos disponibilizados pela Editora Senac São Paulo.

Para utilizar o material da Série Informática, é preciso ter em mãos o livro, um equipamento que atenda às configurações necessárias e o software a ser estudado.

Neste volume, estruturado com base em atividades que permitem estudar o software passo a passo, são apresentadas informações básicas para a operação do Project. Você deverá ler com atenção e seguir corretamente todas as instruções. Se encontrar algum problema durante uma atividade, volte ao início e recomece; isso vai ajudá-lo a esclarecer dúvidas e resolver dificuldades.

Sobre o Project

O Project é o software da Microsoft que tem como objetivo auxiliar gerentes de projetos a planejar, gerenciar e divulgar o andamento dos projetos em que estão trabalhando, permitindo aos envolvidos que tenham acesso a informações sobre as tarefas a serem cumpridas, as datas estimadas de entrega, os recursos disponíveis para o projeto e outros dados essenciais.

Equipamento necessário

Para você estudar com este material e operar o MS Project, é importante que seu computador tenha as configurações mínimas a seguir.

Configuração para Windows

- Windows 7 ou posterior, Windows 10 Server, Windows Server 2012 R2, Windows Server 2008 R2 ou Windows Server 2012.
- Processador de 1 GHz ou mais rápido, x86 bits ou x64 bits com SSE2.
- 1 GB de RAM (32 bits); 2 GB de RAM (64 bits).
- 3 GB de espaço disponível em disco.

Estrutura do livro

Este livro está dividido em capítulos que contêm uma série de atividades práticas que fazem uso do Project, divididos da seguinte maneira:

- *Fase de planejamento do projeto*: essa fase é abordada amplamente do Capítulo 1 até o Capítulo 5.
- *Execução do projeto*: é tratada no Capítulo 6.
- *Monitoramento e controle do projeto*: é discutida no Capítulo 7.

Para obter o melhor rendimento possível em seu estudo, evitando dúvidas ou erros, é importante que você:

- leia com atenção todos os itens do livro, pois sempre encontrará informações úteis para a execução das atividades;
- faça apenas o que estiver indicado no item e só execute uma sequência após ter lido a instrução do respectivo item.

Utilizando o material da Série Informática

É muito simples utilizar o material da Série Informática: inicie sempre pelo Capítulo 1, leia atentamente as instruções e execute, passo a passo, os procedimentos solicitados.

Atividades

Para a execução das atividades deste livro, disponibilizamos arquivos compactados em nosso site. Para obtê-los e utilizá-los, execute os passos a seguir:

1. Faça o download dos arquivos no seguinte endereço:

    http://www.editorasenacsp.com.br/informatica/project/arquivosdetrabalho.zip.

2. Após o download, crie uma pasta com o nome *Arquivos livro* na área de trabalho (ou em outro local de sua preferência).

3. Dentro dela, crie uma pasta com o nome *Arquivos de trabalho*. Essa pasta será referenciada sempre que se indicar a necessidade de se abrir um arquivo.

4. Copie os arquivos baixados para dentro da pasta *Arquivos de trabalho*.

5. Descompacte os arquivos.

Atividades prontas

Além dos arquivos para a execução das atividades, também estão disponíveis os arquivos finalizados (quando for o caso) para que você possa fazer uma comparação ou tirar dúvidas, se necessário. Execute os passos a seguir:

1. Faça o download dos arquivos no seguinte endereço:

    http://www.editorasenacsp.com.br/informatica/project2019/atividadesprontas.zip.

2. Dentro da pasta *Arquivos livro*, crie uma pasta com o nome *Atividades prontas*.

3. Copie os arquivos baixados para dentro da pasta *Atividades prontas*.

4. Descompacte os arquivos.

Agora que você já sabe como utilizar este material, dê início ao estudo do Project. E não se esqueça: leia com muita atenção e siga todos os passos para obter o melhor rendimento possível em seu aprendizado.

Boa leitura!

1

Conhecendo o Project

OBJETIVOS

» Conhecer os elementos da tela inicial do Project

» Aprender a abrir modelos on-line

» Conhecer os templates

ATIVIDADE 1: A TELA INICIAL DO PROJECT

Ao acessar o Project, a primeira coisa que você verá é uma tela que permite pesquisar modelos on-line ou abrir um modelo, um projeto vazio ou um projeto já salvo.

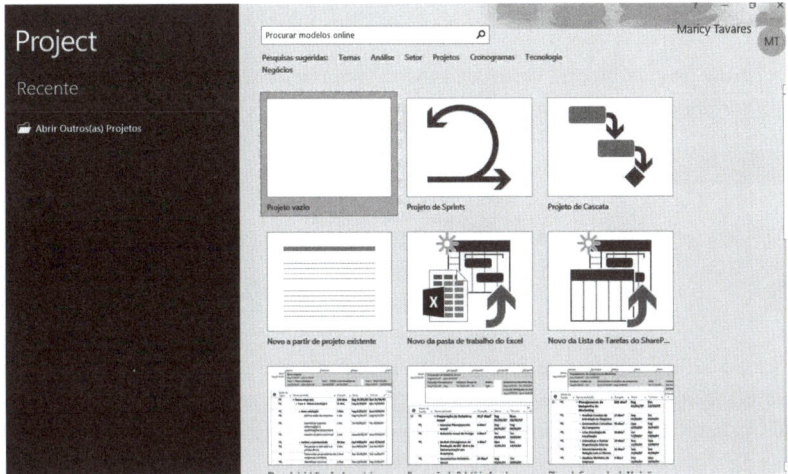

1. Como vamos desenvolver um projeto desde o início, clique em *Projeto vazio*.

Agora, será aberta a tela inicial do Project, também conhecida como tabela de entrada, onde serão visualizadas as informações das tarefas que inseriremos posteriormente.

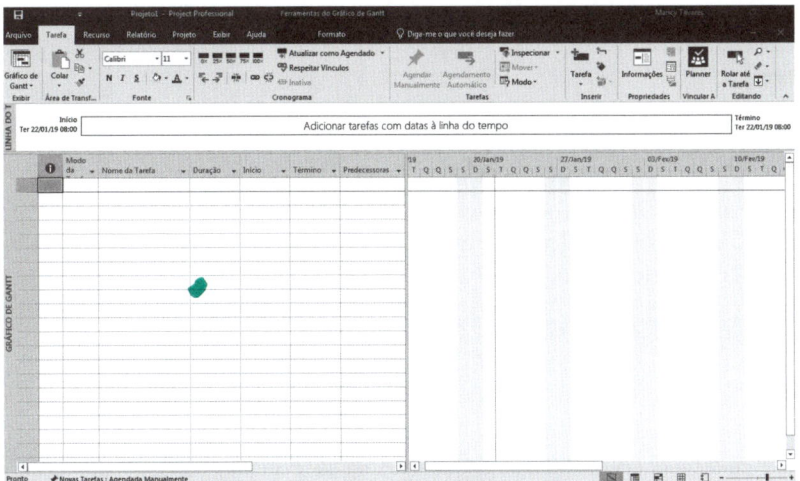

É importante destacar alguns elementos presentes nessa tela:

- *Barra de Ferramentas de Acesso Rápido*: fica no alto, à esquerda, e contém por padrão os ícones *Salvar*, *Desfazer* e *Refazer*. A seta para baixo permite personalizá-la.

- *Barra de Título*: fica no alto, no centro, e mostra o nome do software e do projeto. Por padrão, o nome de um novo arquivo é *Projeto1*, até que seja alterado.

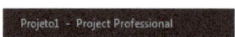

- *Botões Minimizar, Restaurar a tela* e *Fechar*: ficam no alto, à direita.

- *Faixa de Opções*: fica abaixo da barra de título. Apresenta as guias *Arquivo* (que dá acesso ao *Backstage*), *Tarefa*, *Recurso*, *Relatório*, *Projeto*, *Exibir*, *Ajuda* e *Formato*. Na *Faixa de Opções*, também se encontra a barra de pesquisa (*Diga-me o que você deseja fazer*) e, à direita, os botões *Minimizar* e *Fechar* o arquivo.

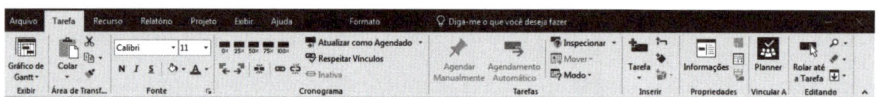

A *Faixa de Opções* pode ser recolhida ou exibida utilizando-se a seta na parte inferior do canto direito.

Ao recolher a *Faixa de Opções*, você poderá ver mais linhas das tarefas do projeto. Para voltar a fixá-la, é necessário selecionar qualquer uma das guias e clicar no ícone de alfinete, à direita na parte inferior da *Faixa de Opções*.

Cada guia está dividida em grupos. Por exemplo, na guia *Tarefa*, há os grupos *Exibir*, *Área de Transferência*, *Fonte*, *Cronograma*, *Tarefas*, *Inserir*, e assim por diante. Em cada grupo, localizam-se os botões das ferramentas.

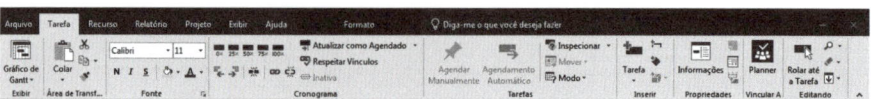

No grupo *Fonte*, por exemplo, é possível utilizar as ferramentas *Nome da Fonte*, *Tamanho da Fonte*, *Negrito*, *Itálico*, *Sublinhado*, *Cor de Plano de Fundo* e *Cor da Fonte*.

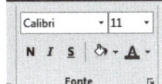

 Ao clicar na setinha na parte inferior direita de cada grupo, será aberta uma janela com mais opções relacionadas.

Abaixo da *Faixa de Opções*, por padrão, aparece o modo de visão *Linha do Tempo*, que será melhor explicado após incluirmos as informações do projeto.

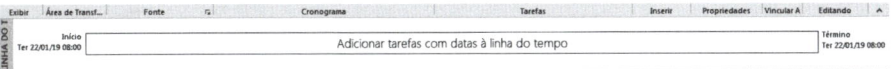

Abaixo do modo de visão *Linha do Tempo*, aparece o modo de visão *Gráfico de Gantt*, que consiste em duas áreas: à esquerda, a *Planilha de Gantt*, e à direita, o *Gráfico de Gantt*.

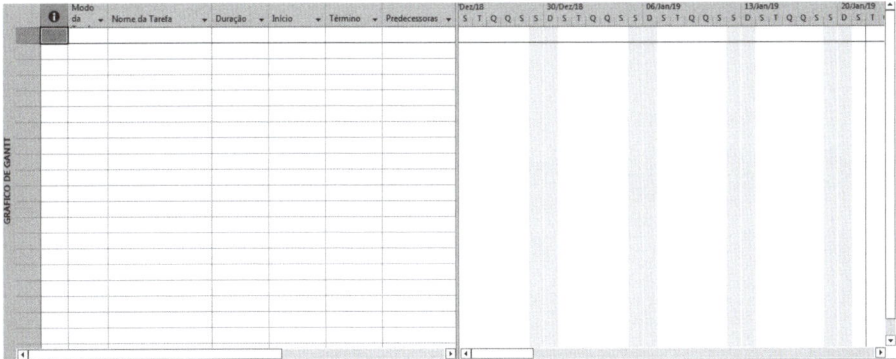

A *Planilha de Gantt* possui colunas (que são campos do Project e, portanto, não podem ser excluídas) e linhas para se inserir o cronograma. Na parte inferior, há a barra de rolagem horizontal, que pode ser movida para a esquerda e para a direita a fim de se visualizar as informações dos campos de tarefas.

2. À esquerda, está oculta a *Barra de Visões*. Para exibi-la, clique com o botão direito do mouse onde aparece escrito *Gráfico de Gantt*. Aparecerá um menu suspenso com alguns modos de visão existentes no Project. Selecione *Barra de Visões*.

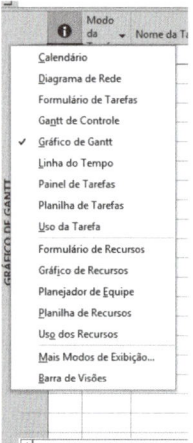

A *Barra de Visões* será exibida (posteriormente, detalharemos cada uma das opções).

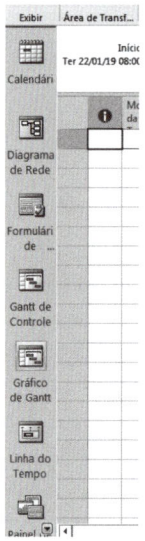

3. Para ocultá-la, repita o procedimento e desmarque *Barra de Visões*.

Do lado direito, no *Gráfico de Gantt* propriamente dito, serão mostradas as tarefas e as dependências entre elas, assim como os recursos alocados. Na parte inferior, há a barra de rolagem horizontal, que pode ser movida para a esquerda e para a direita a fim de se visualizar o cronograma do projeto. À direita, há a barra de rolagem vertical, que pode ser movida para cima e para baixo a fim de se visualizar o gráfico e as tarefas do projeto.

Na parte inferior do modo de visão *Gráfico de Gantt*, há a *Barra de Status*. À esquerda dela, aparece a palavra *Pronto*, que significa que a célula selecionada está pronta para receber uma informação. À direita da palavra *Pronto*, aparece o botão *Novas Tarefas: Agendada Manualmente* (este item será explicado posteriormente). No canto direito da *Barra de Status*, há os ícones para escolher o modo de visualização e o zoom da *Escala de Tempo*.

O *Gráfico de Gantt*, por padrão, mostra duas camadas na *Escala de Tempo*: a parte de cima apresenta as semanas, e a parte de baixo apresenta os dias.

4. Para configurar a *Escala de Tempo*, clique com o botão direito do mouse em cima dela e, no menu suspenso que se abre, selecione *Escala de Tempo*, conforme a figura a seguir:

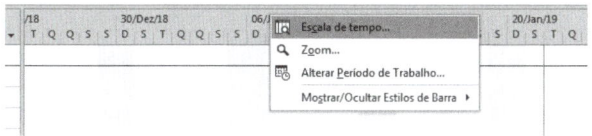

Na janela *Escala de Tempo*, há abas que permitem configurar cada camada individualmente: *Camada superior*, *Camada intermediária*, *Camada inferior* e *Tempo de folga*. É possível também ajustar as unidades de tempo, o cabeçalho e a contagem do tempo, alinhar o texto e definir o uso de separadores verticais e do separador de escala.

No campo *Mostrar*, você pode escolher exibir uma, duas ou três camadas.

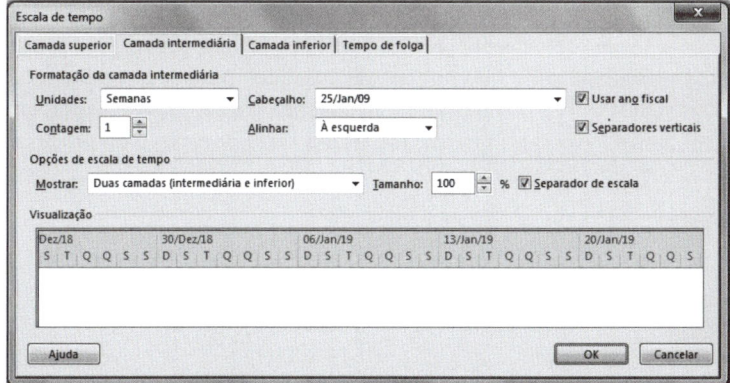

Na aba *Tempo de folga*, é possível configurar a cor dos dias de folga (que serão informados no calendário do projeto) e se o tempo de folga será desenhado na frente ou atrás das barras de tarefas. Essas opções serão mostradas ao adicionar tarefas na *Planilha de Gantt*.

5. Após aplicar as configurações, basta clicar em *OK*. Como não alteramos nenhuma opção, apenas clique em *Cancelar*.

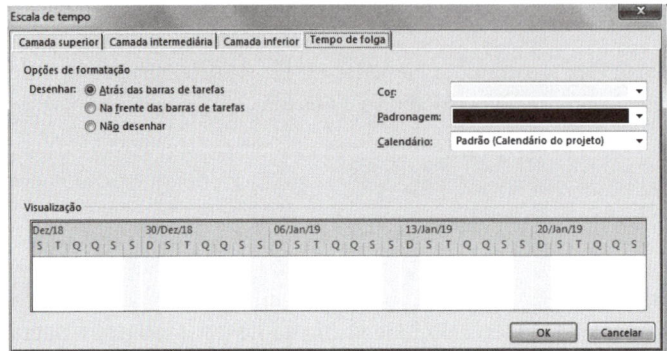

Para aumentar ou diminuir a visualização da *Escala de Tempo* do projeto, pode-se usar o *Zoom* da *Barra de Status*. Outra opção é pela guia *Exibir*, no grupo *Zoom*, na seta para baixo da ferramenta *Escala de Tempo*, que permite escolher um período para ser visualizado no *Gráfico de Gantt*. Também é possível usar a seta para baixo da ferramenta *Lupa* e selecionar as opções *Ampliar*, *Reduzir* ou *Zoom*.

Modelos de projetos prontos

Neste livro, vamos criar um projeto desde o início, mas é importante saber que existem modelos de projetos prontos on-line que podem ser baixados para seu computador. Para isso, basta acessar a tela inicial do programa (ou clicar na guia *Arquivo* e depois em *Novo*) e selecionar uma das *Pesquisas sugeridas*, ou usar a caixa de texto para procurar um modelo que atenda às suas necessidades.

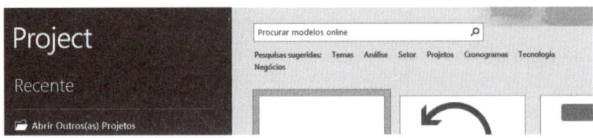

Por exemplo, ao clicar na pesquisa sugerida *Tecnologia*, são mostrados alguns modelos ligados ao assunto.

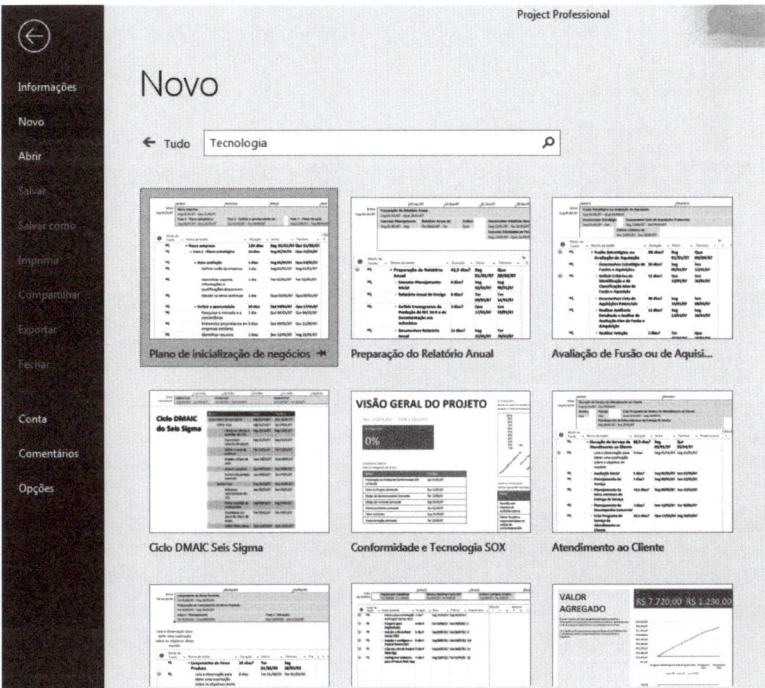

Se encontrar um projeto que se adapte às suas necessidades, basta clicar no modelo desejado, e o Project vai baixar o arquivo. Depois disso, você poderá alterar qualquer informação do modelo.

TEMPLATES

Outro recurso útil são os templates, arquivos que contêm configurações predefinidas de modos de exibição, relatórios, tabelas de tarefas, recursos, calendários, filtros de tarefas, grupos de tarefas e mapas. Ao ser instalado, o Project baixa todos os templates disponíveis para uma pasta chamada *Global.mpt*.

> Os templates podem ser alterados e salvos, mas NÃO é possível restaurá-los. O recomendável é copiar o item desejado para outra pasta e renomeá-lo antes de alterá-lo e salvá-lo. Assim, você sempre terá disponível o template original e o arquivo modificado.

Para acessá-los, basta clicar na guia *Arquivo*, depois em *Informações* e então no botão *Organize o Modelo Global*.

A janela que se abre mostra várias abas. À esquerda de cada aba, aparecem os templates disponíveis no arquivo *Global.mpt*. À direita, aparecem os templates usados no projeto aberto (tanto os templates que foram criados quanto os que foram copiados e renomeados).

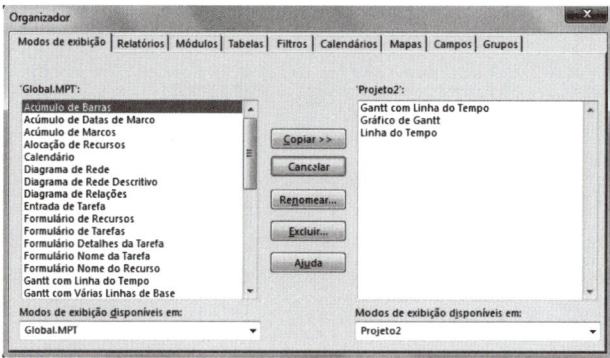

Quando é criado um novo item de template no projeto, ele pode ser aberto e salvo em qualquer outro computador. Se precisar excluir um item de template após tê-lo criado, basta acessar o *Organizador*, selecionar o item na respectiva aba e clicar no botão *Excluir*.

2

Conhecendo o calendário e as informações do projeto

OBJETIVOS

» Aprender a configurar os calendários do Project
» Criar um calendário
» Criar dias úteis e feriados
» Incluir as informações do projeto
» Visualizar as estatísticas do projeto

ATIVIDADE 1: AJUSTANDO O CALENDÁRIO DO PROJETO

Quando se inicia um projeto, pode ser necessário criar um calendário e configurar o horário útil e os dias da semana em que o trabalho acontecerá. Também pode ser necessário definir se os recursos humanos trabalharão no mesmo local onde o projeto acontecerá, ou em outro local físico, ou se a empresa possui diferentes turnos de trabalho.

1. Para verificar as configurações do Project para o item *Calendário* que está na pasta *Global.mpt*, clique na guia *Projeto* e, no grupo *Propriedades*, clique na ferramenta *Alterar Período de Trabalho*.

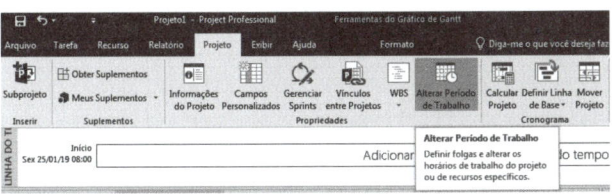

Ao clicar nessa ferramenta, é aberta a janela *Alterar Período Útil*, que mostra os três templates de calendário disponíveis:

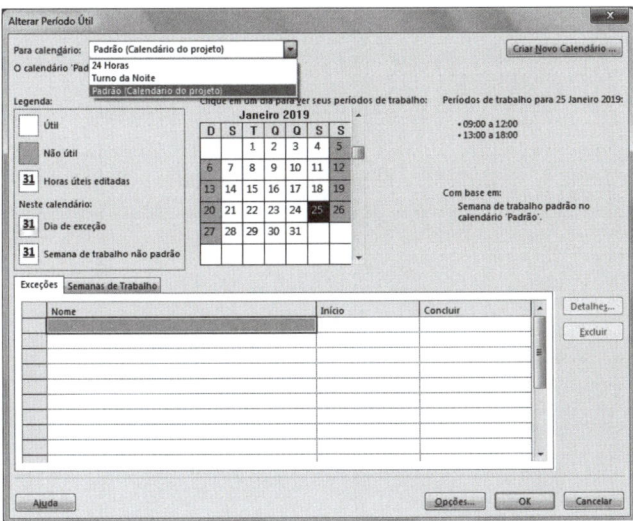

- *Padrão (Calendário do projeto)*: o período útil é de *segunda-feira* a *sexta-feira*, das *9:00 h* às *12:00 h* e das *13:00 h* às *18:00 h*.

- *24 Horas*: o período útil é de *segunda-feira* a *segunda-feira*, da *0:00 h* à *0:00 h*.

- *Turno da Noite*: o período útil é de *segunda-feira* a *sábado*, da *0:00 h* às *3:00 h*, e das *4:00 h* às *8:00 h* e volta ao trabalho às *23:00 h*. Na *segunda-feira*, a entrada é às *23:00 h*, e no *sábado* a saída é às *8:00 h*.

Se o projeto acontece em um período de tempo diferente, é necessário alterar as configurações disponíveis na pasta *Global.mpt*.

Para isso, pode-se selecionar o calendário *Padrão* e ajustar o período útil, ou então criar um calendário novo. Primeiro, vamos ver como alterar o calendário *Padrão*, e depois veremos como criar um novo calendário.

2. Com a janela *Alterar Período Útil* aberta, selecione a opção *Padrão (Calendário do projeto)* e clique na aba *Semanas de Trabalho*, conforme a figura a seguir:

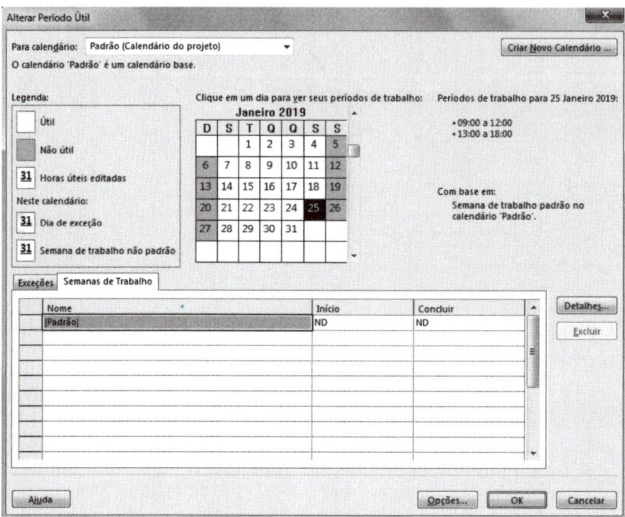

Clique duas vezes sobre a linha *[Padrão]*. Será aberta a janela *Detalhes de '[Padrão]'*, onde é possível escolher entre três configurações de dias da semana e horários úteis.

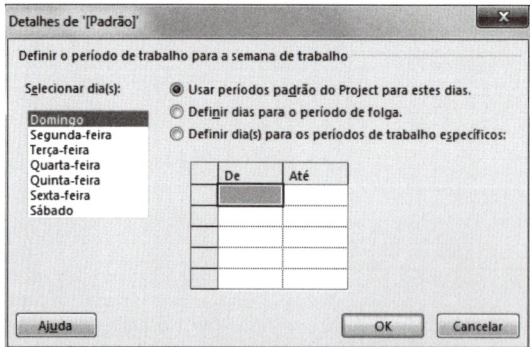

- *Usar períodos padrão do Project para estes dias*: utiliza o padrão do template.
- *Definir dias para o período de folga*: permite definir um dia da semana como não útil.
- *Definir dia(s) para os períodos de trabalho específicos*: permite informar dias e horários úteis específicos do projeto.

3. Para alterar as horas úteis, marque a última opção, selecione os dias úteis da semana e defina o horário de *segunda-feira* a *sexta-feira* das *7:00 h* às *11:00 h* e das *12:00 h* às *16:00 h*. Em seguida, clique em OK.

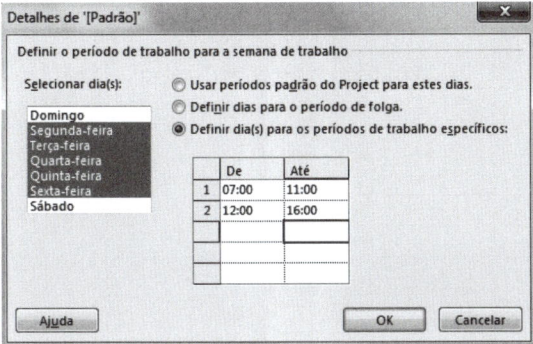

4. De volta à janela *Alterar Período Útil*, com a linha *[Padrão]* selecionada, clique no botão *Detalhes* (essa é outra maneira de abrir a janela *Detalhes de '[Padrão]'*). Clique na opção *Definir dia(s) para os períodos de trabalho específicos* e selecione *Sábado*. Defina o horário das *7:00 h* às *11:00 h* e clique em OK.

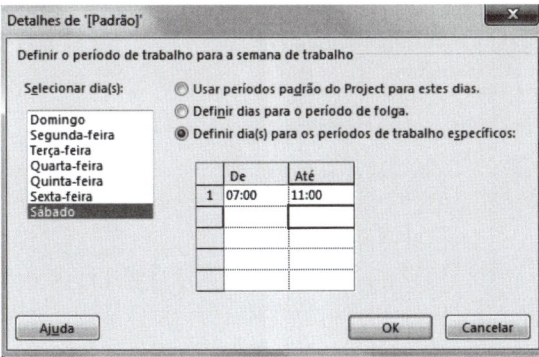

À direita da janela *Alterar Período Útil,* são exibidos os dias e horários alterados (de segunda-feira a sábado).

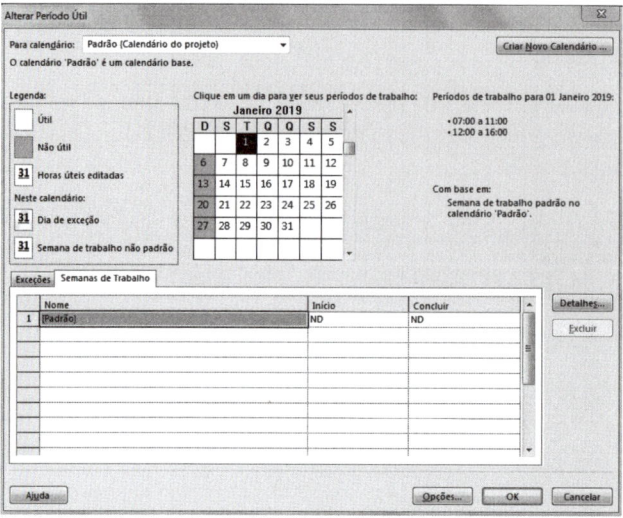

Incluindo feriados

Também pode ser necessário configurar os dias não úteis, como o Natal, o Ano-novo, as férias coletivas e os feriados do local onde o projeto será executado.

1. Para isso, selecione a aba *Exceções* e adicione todos os dias não úteis. Ao informar o nome do dia não útil, informe também a data de início e de término. Por exemplo, a Confraternização Universal, que ocorre no dia *01/01/2019*.

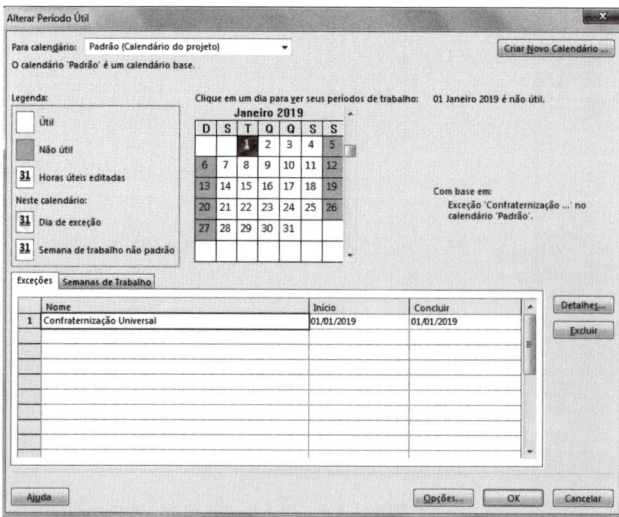

Caso a duração do projeto seja maior do que um ano, é possível informar se esse feriado é recorrente. Assim, no calendário dos próximos anos, essa data já aparecerá como não útil.

2. Para isso, clique duas vezes sobre o nome do feriado. Neste exemplo, será aberta a janela *Detalhes de 'Confraternização Universal'*, onde é possível configurar a recorrência da data não útil.

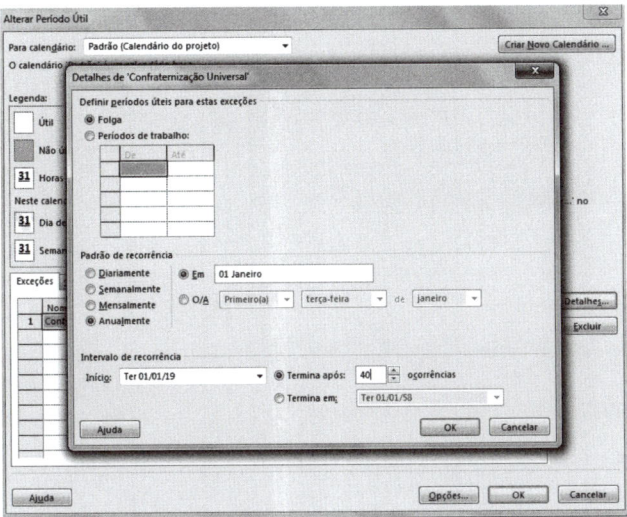

3. Em *Padrão de recorrência*, marque a opção *Anualmente*, e em *Termina após... ocorrências*, defina *40* como a quantidade de recorrências para o dia não útil. Em seguida, clique em *OK*.

4. A fim de praticar, acrescente os seguintes feriados no projeto: *Aniversário de São Paulo (25/01/19 a 25/01/58); Carnaval 2019 (05/03/19); e Cinzas 2019 (06/03/19)*.

5. Para os dias não úteis com meio período de trabalho, como o feriado da quarta-feira de Cinzas, é necessário informar o período útil. Para isso, selecione o feriado desejado e clique em *Detalhes*. Na janela que se abre, clique em *Períodos de trabalho* e informe o horário útil como sendo das *12:00 h* até às *16:00 h*. No caso da quarta-feira de Cinzas, não seria preciso selecionar recorrência, pois esse feriado ocorre em dia diferente a cada ano.

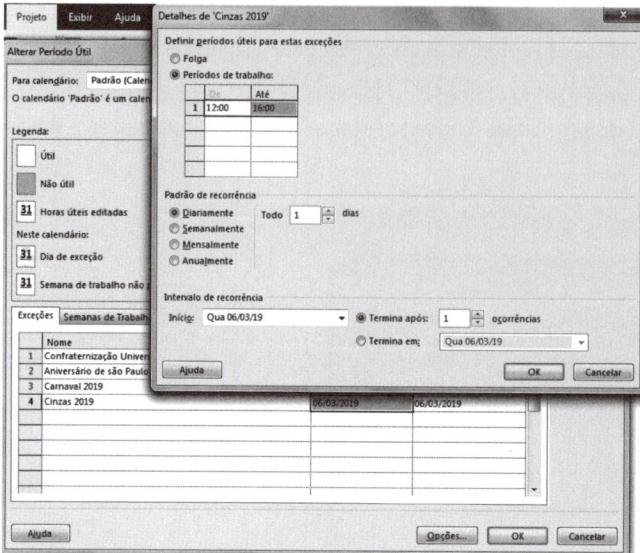

6. Em seguida, clique em OK.

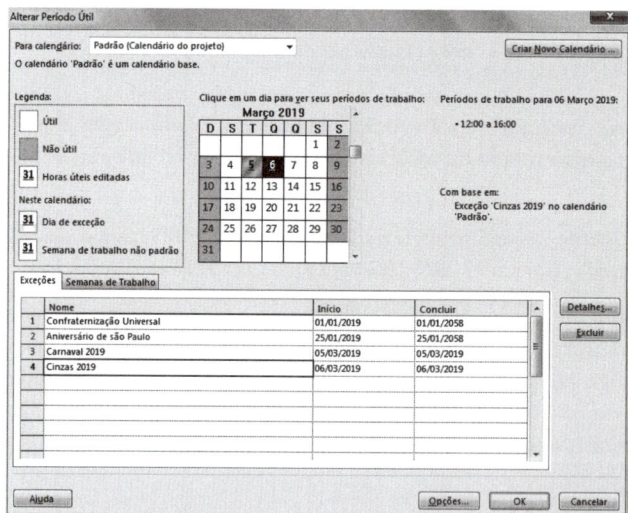

Para criar outro calendário no mesmo projeto sem precisar reescrever todos os dias não úteis, é necessário copiar o calendário do projeto para a pasta Global.mpt do Project.

7. Acesse o Backstage clicando na guia Arquivo. Em seguida, clique em Informações e depois em Organizador. Na aba Calendários, selecione Padrão na coluna da direita (Projeto1) e copie-o para a esquerda (Global.mpt) clicando no botão < < Copiar. Como o nome do calendário é o mesmo, o Project pergunta se quer substituí-lo. Clique em Sim.

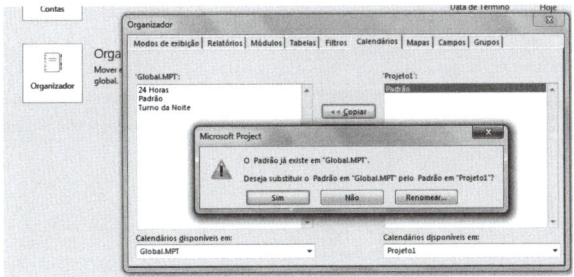

Os próximos calendários a serem criados neste projeto ou em outros projetos no mesmo computador já contemplarão as horas de trabalho, os dias úteis e os dias não úteis configurados até agora.

CRIANDO OUTRO CALENDÁRIO NO MESMO PROJETO

1. Para incluir mais um calendário no mesmo projeto, clique na guia *Projeto*, vá no grupo *Propriedades* e clique na ferramenta *Alterar Período de Trabalho*. Na janela *Alterar Período Útil*, clique no botão *Criar Novo Calendário*.

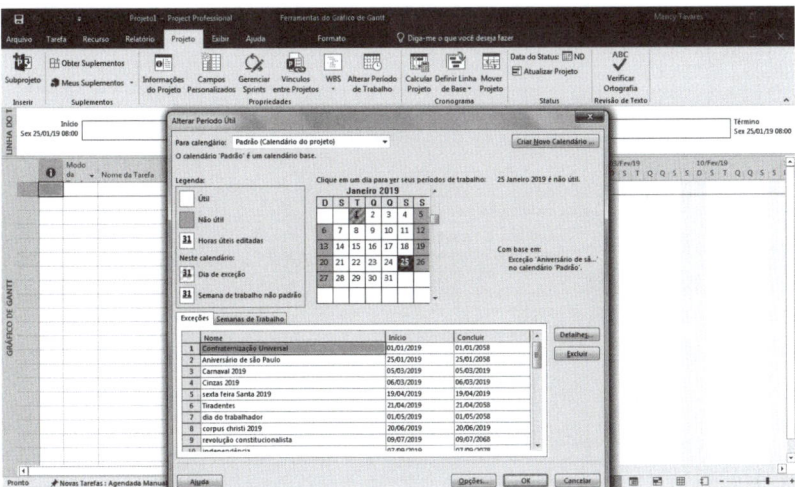

Na janela *Criar Novo Calendário*, é preciso informar o nome do calendário e definir se ele terá como base as informações do calendário *Padrão* que está na pasta *Global.mpt* ou do calendário padrão do Project (dias úteis de *segunda-feira* a *sexta-feira* das *9:00 h* às *12:00 h* e das *13:00 h* às *18:00 h*, sem nenhum feriado).

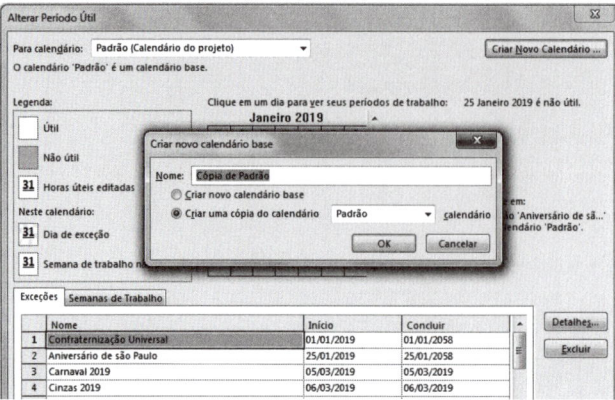

2. Crie o calendário *Período Noturno* com base no calendário *Padrão* e clique em *OK*. Na janela *Alterar Período Útil* do calendário *Período Noturno*, clique na aba *Semanas de Trabalho*.

3. Selecione a linha *[Padrão]* e clique no botão *Detalhes*. Na janela *Detalhes de Padrão*, selecione de *Segunda-feira* a *Sexta-feira* e digite de *22:00* até *00:00* na linha 1; de *00:00* até *2:00* na linha 2; e de *3:00* até *7:00* na linha 3. Em seguida, selecione *Sábado* e defina de *00:00* até *2:00* e de *3:00* até *7:00*. Clique em *OK*.

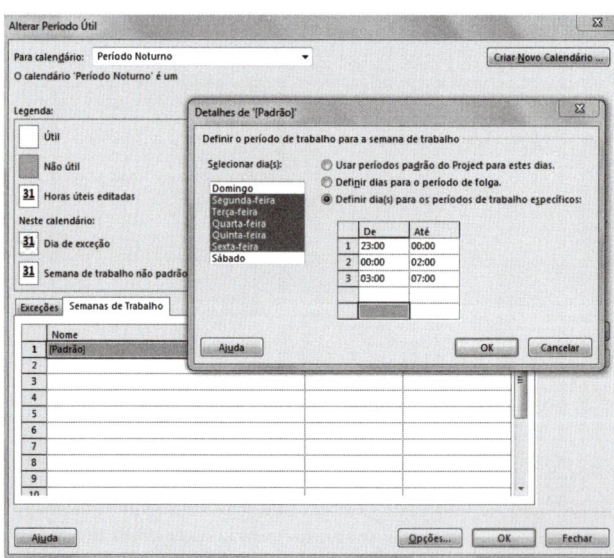

4. Ajuste o horário de *Segunda-feira* somente de *23:00* até *00:00*. Selecione *Sábado* e ajuste as horas úteis de *00:00* até *2:00*, e de *3:00* até *7:00*. Em seguida, clique em *OK*. As imagens a seguir mostram como as configurações de segunda-feira e de sábado aparecem no calendário *Período Noturno*.

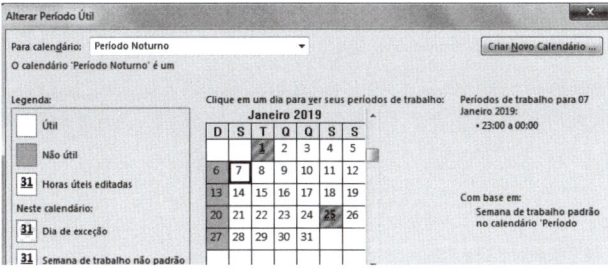

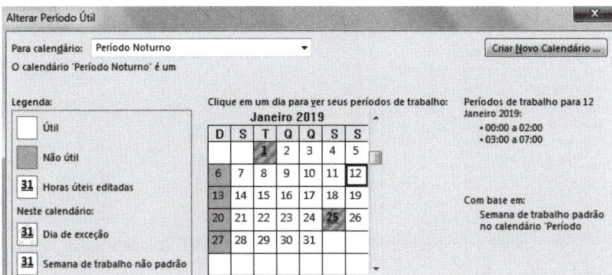

Compatibilização de horários

Com a configuração dos calendários do projeto, é imprescindível compatibilizar os horários úteis com o Project, para que não haja incompatibilidade com o horário útil das tarefas. Mesmo que o projeto contenha vários calendários úteis, apenas um será configurado no programa.

Existem duas maneiras para realizar a compatibilização. A primeira é clicar no botão *Opções* da janela *Alterar Período Útil*.

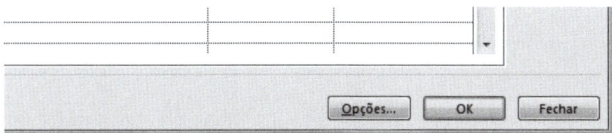

A outra é acessar o *Backstage* na guia *Arquivo*, clicar em *Opções* e, na janela *Opções do Project*, selecionar *Cronograma*.

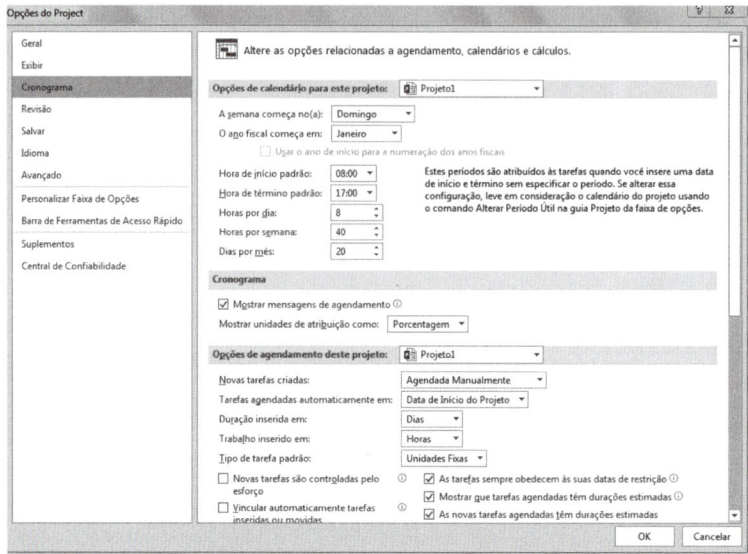

1. Em *Cronograma*, no item *A semana começa no(a)*, é necessário informar o dia em que a semana começa. Escolha *Domingo*.

2. No item *O ano fiscal começa em*, escolha *Janeiro*, pois é o usual no Brasil.

3. No item *Hora de início padrão*, informe o horário de início do calendário do projeto. No nosso exemplo, o horário é às *7:00*.

4. No item *Hora de término padrão*, informe o horário de término do calendário do projeto. No nosso exemplo, o horário é às *16:00*.

5. No item *Horas por dia*, informe a quantidade de horas úteis. No nosso exemplo, são *8*.

6. No item *Horas por semana*, informe a quantidade de horas por semana. Em nosso exemplo, são *40*.

7. No item *Dias por mês*, informe *20*, pois em nosso exemplo, olhando o ano todo, temos meses com 30, 31 e 28 dias, e, descontando os feriados, assumiremos o padrão de 20 dias úteis por mês. Por fim, clique em *OK*.

ATIVIDADE 2: CONHECENDO A JANELA INFORMAÇÕES SOBRE O PROJETO

Após configurar os calendários, agora é necessário adicionar as informações do projeto.

1. Na guia *Projeto*, no grupo *Propriedades*, clique na ferramenta *Informações do Projeto*.

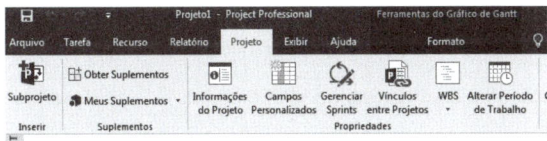

Será aberta a janela a seguir:

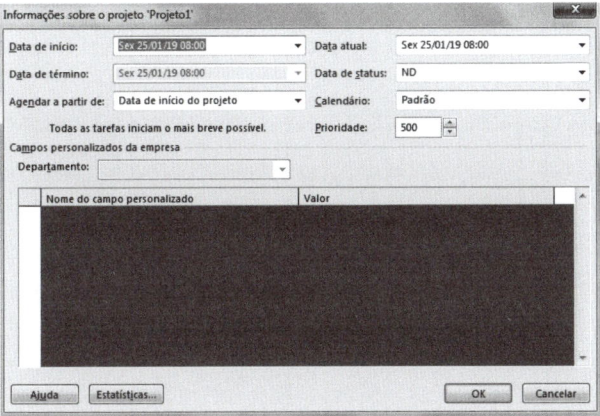

Essa janela apresenta os seguintes campos:

- *Data de início*: permite informar a data inicial, que pode contemplar atividades anteriores ao planejamento do projeto, como as reuniões com o cliente sobre os detalhes e a assinatura do termo de abertura do projeto.

- *Data atual*: é exibida a data do sistema operacional, que será utilizada nos relatórios do projeto.

- *Data de status*: é possível informar a data de atualização das tarefas no projeto.

- *Data de término*: a princípio, este campo está inativo, e só ficará ativo quando o campo *Agendar a partir de* for alterado para *Data de término do projeto*, permitindo assim informar a data de término estimada no projeto.

- *Agendar a partir de*: a opção *Data de início do projeto* iguala a data de início das tarefas e a data de início do projeto, de modo que as tarefas iniciarão o mais breve possível após a criação dos vínculos entre elas. A opção *Data de término do projeto* iguala a data de término das tarefas e a data de término do projeto, de modo que as tarefas terminarão o mais tarde possível quando os vínculos forem criados. Esta opção é importante para mostrar aos envolvidos a data estimada de início, de modo que não haja atrasos na data de término do projeto.

- *Calendário*: permite escolher o calendário usado no projeto.
- *Prioridade*: pode receber um valor entre *0* (menos importante) e *1000* (mais importante), indicando o nível de prioridade deste projeto em relação a outros.

Após definir o calendário e as informações do projeto, é preciso informar as tarefas, as entregas, os recursos, as restrições, o escopo e a duração do projeto.

Para aprender a utilizar essas ferramentas do Project, criaremos o projeto de uma viagem para Dublin no Natal de 2020.

Adicionando as informações do projeto

É importante informar o início estimado do projeto, o calendário que será usado, se as tarefas começarão no início ou no fim do projeto e a prioridade deste projeto em relação aos demais.

1. Clique na guia *Projeto* e, no grupo *Propriedades*, clique na ferramenta *Informações do Projeto*.

2. No campo *Data de início*, informe o dia, o mês, o ano e o horário de início do projeto: *04/02/20* às *7:00 h*.

3. No campo *Agendar a partir de*, informe que as tarefas começarão no início do projeto.

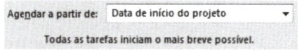

4. No campo *Calendário*, informe que o calendário do projeto é o *Padrão*.

5. No campo *Prioridade*, defina o valor *500* para este projeto.

6. Feche a janela *Informações do projeto* e salve as alterações clicando no botão *OK*.

Estatísticas do projeto

Sempre que necessário, é possível acessar as estatísticas do projeto. Há duas maneiras de se fazer isso:

- Na parte inferior da janela *Informações sobre o projeto*, clique no botão *Estatísticas*:

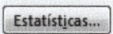

- No *Backstage* (guia *Arquivo*), clique em *Informações do Projeto*, à direita, e depois em *Estatísticas do Projeto*:

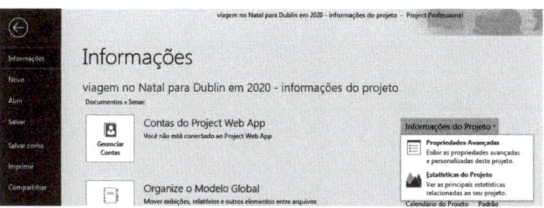

A janela *Estatísticas do Projeto* é aberta, apresentando as informações inseridas até agora:

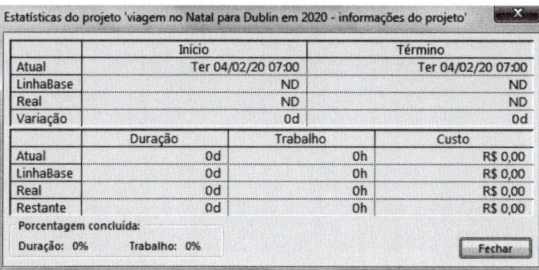

ANOTAÇÕES

3
Tarefas

OBJETIVOS

» Inserir tarefas e propriedades da tarefa
» Criar o cronograma
» Criar a estrutura de tópicos (EAP)
» Conhecer o campo *Tipo da tarefa*
» Calcular o caminho crítico
» Configurar o caminho crítico do projeto

ATIVIDADE 1: INSERIR E EXCLUIR TAREFAS

A *Planilha de Gantt* no modo de visão *Gráfico de Gantt* (ou tabela de entrada) exibe os campos onde é possível inserir informações sobre as tarefas, as entregas e as fases do projeto.

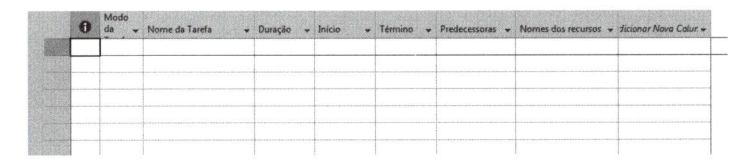

Os campos exibidos por padrão são os seguintes:

- *Id das tarefas*: é a coluna cinza à esquerda, uma área bloqueada, onde aparece automaticamente o número de cada tarefa inserida.
- *Indicadores*: é a coluna com o ícone . Permite visualizar as informações das tarefas ou atividades.
- *Modo da Tarefa*: mostra se a tarefa está agendada manualmente ou automaticamente.
- *Nome da Tarefa*: serve para inserir o nome das fases, das entregas e das tarefas.
- *Duração*: informa o espaço de tempo necessário para que a tarefa seja realizada e terminada.
- *Início*: mostra a data estimada para o início da tarefa, se for agendada automaticamente. Caso a tarefa seja agendada manualmente, a data de início também deve ser inserida manualmente.
- *Término*: mostra a data estimada para o término da tarefa agendada automaticamente. Caso a tarefa seja agendada manualmente, a data de término também deve ser inserida manualmente.
- *Predecessora*: informa o vínculo entre as tarefas.
- *Nomes dos recursos*: é a coluna onde se alocam os recursos nas tarefas.
- *Adicionar Nova Coluna*: serve para inserir campos de tarefas na *Planilha de Gantt*.

As colunas na *Planilha de Gantt* não são fixas. Ao selecionar o cabeçalho de qualquer uma delas, o cursor se altera para uma seta de quatro pontas e, com o cursor ainda pressionado, pode-se arrastar a coluna para a direita ou a esquerda.

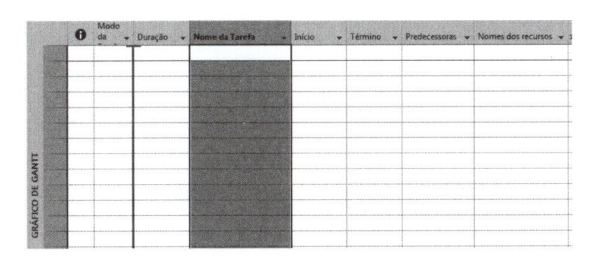

Por exemplo, selecione o cabeçalho da coluna *Nome da Tarefa* e arraste para a esquerda. Note que aparecerá uma linha vertical mostrando o destino da coluna. Solte-a na posição desejada.

Agora, você vai adicionar tarefas ao cronograma do projeto *Viagem no Natal para Dublin em 2020* e entenderá a diferença entre o agendamento manual e o automático das tarefas.

1. No mesmo projeto criado no capítulo anterior, clique na primeira linha da coluna *Nome da Tarefa* e digite *Tirar o passaporte*.

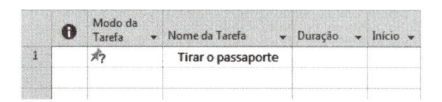

	Modo da Tarefa	Nome da Tarefa	Duração	Início
1	⚲?	Tirar o passaporte		

Ao digitar o nome da tarefa, aparece o número *1* na primeira linha da coluna *Id*.

2. Nas próximas linhas, inclua as seguintes tarefas: *Solicitar à pessoa que está em Dublin uma carta de entrada no país, com datas de ida e volta e o local de permanência, Comprar Euros* e *Verificar a validade do passaporte*.

	Modo da Tarefa	Nome da Tarefa	Duração	Início	Término	N
1	⚲?	Tirar o passaporte				
2	⚲?	Solicitar à pessoa que está em Dublin uma carta de entrada no país, com datas de ida e volta e o local de permanência				
3	⚲?	Comprar Euros				
4	⚲?	Verificar a validade do passaporte				

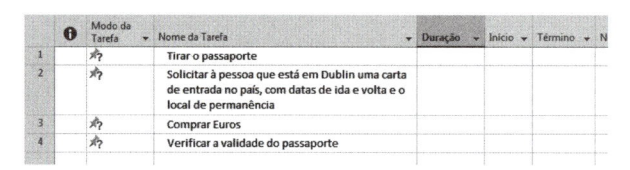

Quando as tarefas são inseridas, o programa as coloca no modo de agendamento manual, que requer que as datas de início e de término de cada uma sejam informadas. Manter as tarefas nesse modo é útil quando não temos informações suficientes para inserir. Porém, quando a tarefa é configurada como *Agendada Automaticamente*, o Project reconhece as informações do projeto e preenche a data de início e de término de acordo com o calendário do projeto.

3. Para alterar o agendamento de uma única tarefa, clique na seta da coluna *Modo da Tarefa* da respectiva linha e selecione o modo desejado.

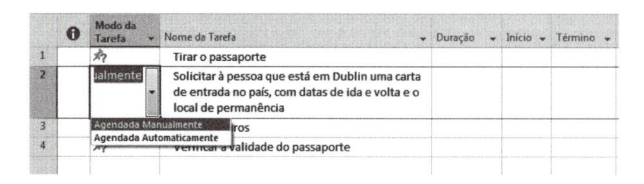

	Modo da Tarefa	Nome da Tarefa	Duração	Início	Término
1	⚲?	Tirar o passaporte			
2	[almente]	Solicitar à pessoa que está em Dublin uma carta de entrada no país, com datas de ida e volta e o local de permanência			
3	Agendada Manualmente	ros			
4	Agendada Automaticamente	Verificar a validade do passaporte			

4. Para alterar o agendamento de todas as tarefas do projeto, clique sobre o cabeçalho de qualquer coluna para selecionar todas as tarefas, em seguida clique na guia *Tarefa* e, no grupo *Tarefas*, clique na ferramenta *Agendamento Automático*.

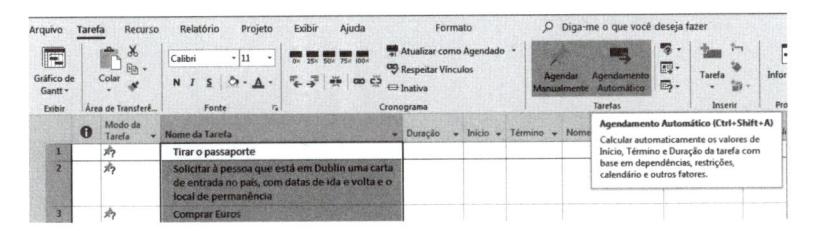

5. Para que as próximas tarefas sejam inseridas já no modo *Agendado Automaticamente*, pela *Barra de Status*, altere o item *Novas Tarefas* para *Agendado Automaticamente*.

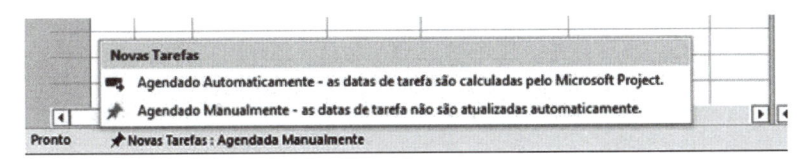

6. Assim como as colunas, as linhas das tarefas não são fixas. Para ordenar as tarefas em ordem lógica, selecione a linha 4 (*Verificar a validade do passaporte*) e arraste-a. Note que aparecerá uma linha horizontal cinza mostrando o local onde a tarefa ficará.

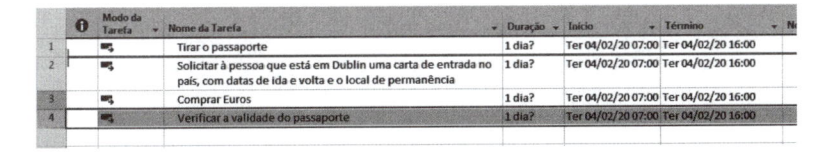

7. Arraste a linha até a posição 1 e solte o mouse. Note que o número do *Id* da tarefa é alterado automaticamente.

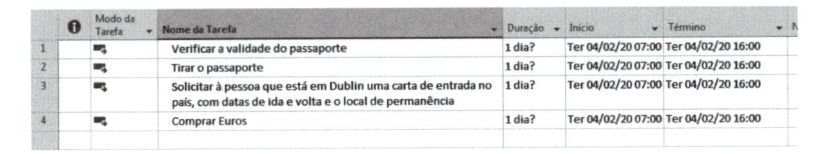

> Para inserir uma tarefa entre outras existentes, clique com o botão direito do mouse sobre uma ou várias linhas de tarefas e, no menu suspenso que se abre, clique em *Inserir Tarefa*. As tarefas serão inseridas nas linhas selecionadas.
>
> Para excluir uma tarefa, clique com o botão direito do mouse no número do *Id* (é possível selecionar mais de uma linha) e, no menu suspenso que se abre, clique em *Excluir Tarefa*.

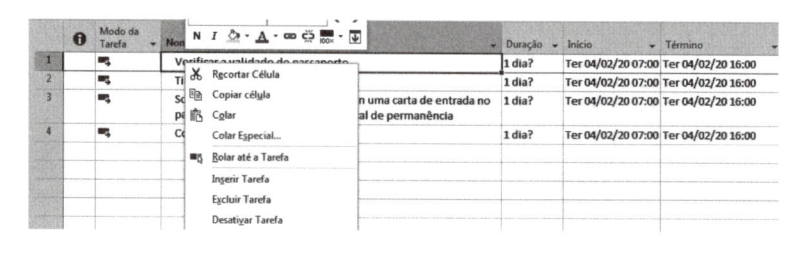

Duração das tarefas

Por padrão, a duração estimada das tarefas inseridas no modo *Agendada Automaticamente* é de um dia, representada por *1 dia?*. Porém, quando incluímos informações sobre o recurso que executará a tarefa, pode ser necessário ajustar a duração da atividade (que pode ser definida em um período útil do calendário do projeto ou em um tempo corrido).

Assim, as tarefas podem ter várias durações, como um dia útil, dez dias úteis, um mês útil (20 dias, conforme a compatibilização), uma semana útil (cinco dias, conforme a compatibilização), 4 horas ou 15 minutos úteis, por exemplo.

1. Altere a duração das tarefas conforme a imagem a seguir e verifique a alteração na data de término em cada tarefa.

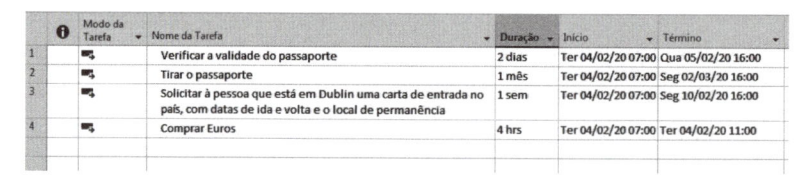

Id	Modo da Tarefa	Nome da Tarefa	Duração	Início	Término
1		Verificar a validade do passaporte	2 dias	Ter 04/02/20 07:00	Qua 05/02/20 16:00
2		Tirar o passaporte	1 mês	Ter 04/02/20 07:00	Seg 02/03/20 16:00
3		Solicitar à pessoa que está em Dublin uma carta de entrada no país, com datas de ida e volta e o local de permanência	1 sem	Ter 04/02/20 07:00	Seg 10/02/20 16:00
4		Comprar Euros	4 hrs	Ter 04/02/20 07:00	Ter 04/02/20 11:00

Porém, há tarefas que pela sua natureza não podem ser executadas no horário útil informado no calendário, mas precisam de um período de tempo corrido. Por exemplo, a cura do cimento ou a instalação e atualização de um sistema operacional em um servidor. Para elas, o tempo deve ser informado como tempo decorrido no Project. Para fazer isso, é preciso inserir a letra *d* no fim da duração, como um *diad* (que corresponde a 24 horas corridas), um *mêsd* (que corresponde a 30 dias de 24 horas corridos), uma *semanad* (que corresponde a sete dias de 24 horas corridos), ou *13 horasd* (13 horas corridas).

2. No projeto *Viagem no Natal para Dublin em 2020*, insira as tarefas e durações a seguir: *Preparar a bagagem (1 diad), Verificar sites das companhias aéreas (1 mêsd), Escolher os dias de ida e volta (1 semanad) e Comprar as passagens (13 hrsd).*

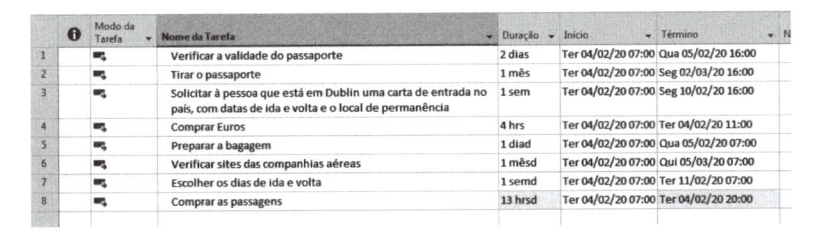

#	Modo da Tarefa	Nome da Tarefa	Duração	Início	Término
1		Verificar a validade do passaporte	2 dias	Ter 04/02/20 07:00	Qua 05/02/20 16:00
2		Tirar o passaporte	1 mês	Ter 04/02/20 07:00	Seg 02/03/20 16:00
3		Solicitar à pessoa que está em Dublin uma carta de entrada no país, com datas de ida e volta e o local de permanência	1 sem	Ter 04/02/20 07:00	Seg 10/02/20 16:00
4		Comprar Euros	4 hrs	Ter 04/02/20 07:00	Ter 04/02/20 11:00
5		Preparar a bagagem	1 diad	Ter 04/02/20 07:00	Qua 05/02/20 07:00
6		Verificar sites das companhias aéreas	1 mêsd	Ter 04/02/20 07:00	Qui 05/03/20 07:00
7		Escolher os dias de ida e volta	1 semd	Ter 04/02/20 07:00	Ter 11/02/20 07:00
8		Comprar as passagens	13 hrsd	Ter 04/02/20 07:00	Ter 04/02/20 20:00

Verifique o impacto das datas de término em cada tarefa com as durações em período útil e em tempo decorrido.

Tarefa Marco (Milestone)

Uma tarefa com duração 0 (zero) é chamada de *Marco*, *Milestone* ou *Ponto de Controle*. Ela pode ser utilizada entre as fases ou no final do projeto, com o intuito de informar para os envolvidos que a fase anterior foi terminada e aprovada pelo cliente, ou para informar a data estimada de término do projeto.

1. Para ver como funciona uma tarefa *Marco*, insira a tarefa *Término da viagem* no projeto.

2. Na *Duração* da tarefa, digite *0 dias*. No *Gráfico de Gantt*, aparecerá um losango pequeno com a data estimada do *Marco*.

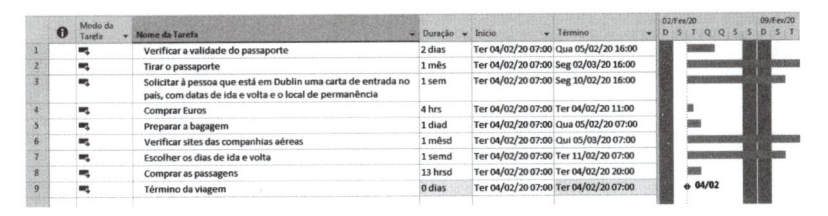

#	Modo da Tarefa	Nome da Tarefa	Duração	Início	Término
1		Verificar a validade do passaporte	2 dias	Ter 04/02/20 07:00	Qua 05/02/20 16:00
2		Tirar o passaporte	1 mês	Ter 04/02/20 07:00	Seg 02/03/20 16:00
3		Solicitar à pessoa que está em Dublin uma carta de entrada no país, com datas de ida e volta e o local de permanência	1 sem	Ter 04/02/20 07:00	Seg 10/02/20 16:00
4		Comprar Euros	4 hrs	Ter 04/02/20 07:00	Ter 04/02/20 11:00
5		Preparar a bagagem	1 diad	Ter 04/02/20 07:00	Qua 05/02/20 07:00
6		Verificar sites das companhias aéreas	1 mêsd	Ter 04/02/20 07:00	Qui 05/03/20 07:00
7		Escolher os dias de ida e volta	1 semd	Ter 04/02/20 07:00	Ter 11/02/20 07:00
8		Comprar as passagens	13 hrsd	Ter 04/02/20 07:00	Ter 04/02/20 20:00
9		Término da viagem	0 dias	Ter 04/02/20 07:00	Ter 04/02/20 07:00

💬 Outra opção para inserir um *Marco* é ir na guia *Tarefa*, no grupo *Inserir*, e clicar na ferramenta *Inserir Marco*.

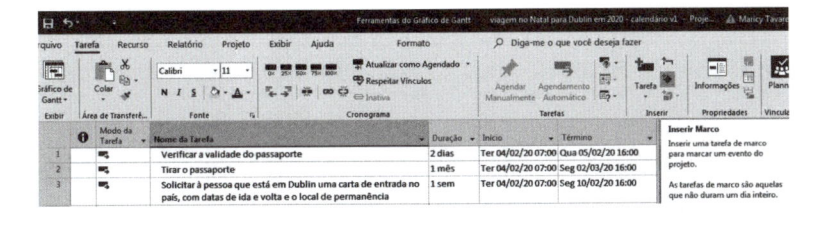

Inserir Marco
Inserir uma tarefa de marco para marcar um evento do projeto.

As tarefas de marco são aquelas que não duram um dia inteiro.

3. No projeto *Viagem no Natal para Dublin em 2020*, use os conhecimentos obtidos até agora e insira as tarefas na ordem em que aparecem a seguir e sua duração. Perceba que as datas de início e de término serão preenchidas automaticamente.

Nome da tarefa	Duração	Início	Término
Passaportes	1 dia?		
Tirar o passaporte	1 dia	Ter 04/02/20 07:00	Ter 04/02/20 16:00
Verificar a validade do passaporte	1 hr	Ter 04/02/20 07:00	Ter 04/02/20 08:00
Solicitar à pessoa que está em Dublin uma carta de entrada no país, com datas de ida e volta e o local de permanência	1 hr	Ter 04/02/20 07:00	Ter 04/02/20 08:00
Comprar Euros	1 hr	Ter 04/02/20 07:00	Ter 04/02/20 08:00
Preparar a bagagem	3 dias	Ter 04/02/20 07:00	Qui 06/02/20 16:00
Voo de ida e de volta	1 dia?		
Verificar sites das companhias aéreas	4 dias	Ter 04/02/20 07:00	Sex 07/02/20 16:00
Escolher os dias de ida e de volta	3 dias	Ter 04/02/20 07:00	Qui 06/02/20 16:00
Comprar as passagens	1 hr	Ter 04/02/20 07:00	Ter 04/02/20 08:00
Hospedagem	1 dia?		
Pesquisar hostels	5 dias	Ter 04/02/20 07:00	Seg 10/02/20 16:00
Escolher um hostel	2 hrs	Ter 04/02/20 07:00	Ter 04/02/20 09:00
Pagar a permanência no hostel	1 hr	Ter 04/02/20 07:00	Ter 04/02/20 08:00
Festa de Natal	1 dia?		
Comprar presentes	10 dias	Ter 04/02/20 07:00	Seg 17/02/20 16:00
Comprar os ingredientes para a ceia de Natal	2 dias	Ter 04/02/20 07:00	Qua 05/02/20 16:00
Preparar a comida para a ceia	3 hrs	Ter 04/02/20 07:00	Ter 04/02/20 10:00
Preparar a decoração natalina	6 hrs	Ter 04/02/20 07:00	Ter 04/02/20 14:00
Festejar	4 hrsd	Ter 04/02/20 07:00	Ter 04/02/20 11:00
Limpar o local após a ceia	6 hrs	Ter 04/02/20 07:00	Ter 04/02/20 14:00
Pontos turísticos em Dublin	1 dia?		

(cont.)

Nome da tarefa	Duração	Início	Término
Procurar pontos turísticos em Dublin	15 dias	Ter 04/02/20 07:00	Seg 24/02/20 16:00
Verificar o valor de cada ponto turístico	3 hrs	Ter 04/02/20 07:00	Ter 04/02/20 10:00
Término da viagem	1 dia?		
Voltar para casa (voo)	13 hrsd	Ter 04/02/20 07:00	Ter 04/02/20 20:00
Desfazer a bagagem	1 dia	Ter 04/02/20 07:00	Ter 04/02/20 16:00
Fim da viagem	0 dias	Ter 04/02/20 07:00	Ter 04/02/20 07:00

ATIVIDADE 2: VÍNCULOS ENTRE AS TAREFAS

As tarefas do projeto não começam todas no mesmo dia, pois algumas dependem da conclusão de outras, ou seja, estão vinculadas umas às outras. Essas tarefas são chamadas de sucessoras (quando acontecem depois de outra) e predecessoras (que acontecem antes). Existem quatro tipos de vínculos entre tarefas:

- *Término-a-Início (TI)*: quando uma tarefa predecessora precisa terminar antes de a sucessora começar.

- *Início-a-Início (II)*: quando duas tarefas, uma predecessora e outra sucessora, precisam iniciar juntas.

- *Término-a-Término (TT)*: quando duas tarefas, uma predecessora e outra sucessora, precisam terminar juntas.

- *Início-a-Término (IT)*: quando uma tarefa sucessora precisa iniciar depois que a predecessora terminar.

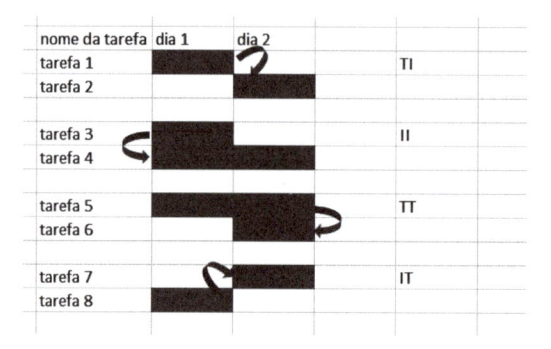

1. Clique duas vezes na tarefa sucessora *Verificar a validade do passaporte*. Será aberta a janela *Informações da tarefa*, que permite determinar quais são as tarefas predecessoras, além de visualizar ou alterar outros dados da tarefa. Na aba *Predecessoras*, na coluna *Nome da Tarefa,* mude o nome da tarefa para *Verificar a data válida do passaporte*. Em seguida, clique em *OK*.

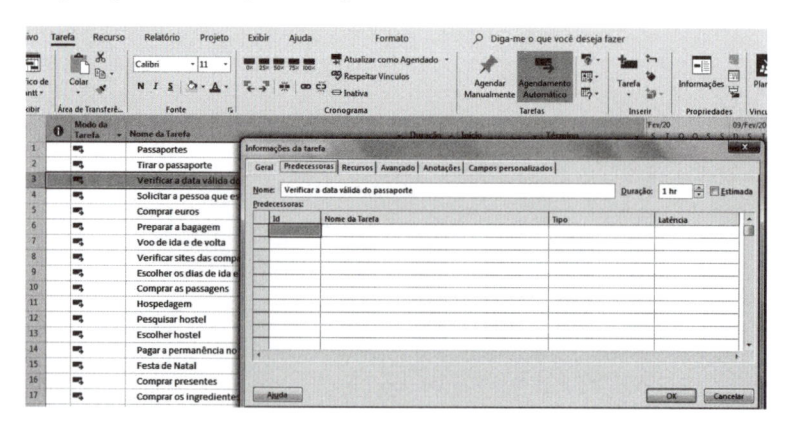

> A janela *Informações da tarefa* também pode ser aberta pela guia *Tarefa*, no grupo *Propriedades*, na ferramenta *Informações*.

Na coluna *Predecessoras*, também é possível criar vínculos entre as tarefas. Ao clicar na linha da tarefa, o Project mostra todas as tarefas inseridas no projeto e permite selecionar as predecessoras. O tipo padrão de dependência é *TI*.

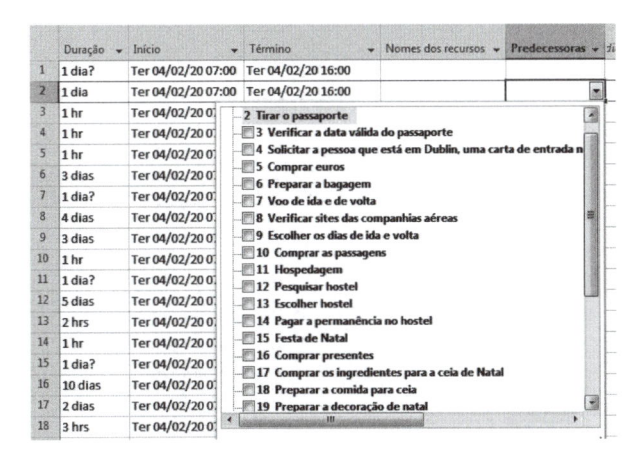

Pelo *Gráfico de Gantt*, é possível selecionar a barra da tarefa predecessora e, com o mouse, arrastar a corrente para baixo, até a barra da tarefa sucessora.

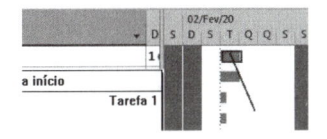

Alterar o tipo de vínculo entre as tarefas

1. Para alterar o tipo de vínculo entre as tarefas, clique duas vezes na tarefa *Verificar a data válida do passaporte* (sucessora). Ao ser aberta a janela *Informações da tarefa*, vá na aba *Predecessoras*. Na primeira linha da coluna *Nome da Tarefa*, digite *Tirar o passaporte* (o nome da tarefa predecessora). No campo *Tipo*, escolha o tipo de vínculo *Término-a-Início (TI)*.

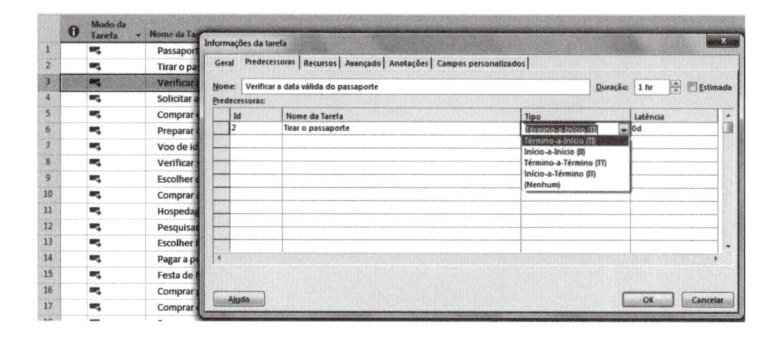

Para alterar o tipo de dependência pelo *Gráfico de Gantt*, clique duas vezes na linha do vínculo entre as tarefas. Será aberta a janela *Dependência entre tarefas*, onde é possível escolher o tipo de vínculo no campo *Tipo*.

Há três maneiras de excluir os vínculos:

- Selecione duas tarefas (a predecessora e sua sucessora), e pela guia *Tarefa*, no grupo *Cronograma*, clique na ferramenta *Desvincular Tarefas* ( ).

- Clique duas vezes na tarefa sucessora e será aberta a janela *Informações da tarefa*. Na aba *Predecessoras*, apague a tarefa na coluna *Nome da Tarefa*, ou apague o número da tarefa na coluna *Id*. Clique em *OK*.

- Pelo *Gráfico de Gantt*, clique duas vezes na linha do vínculo entre as tarefas e será aberta a janela *Dependência entre tarefas*. Clique no botão *Excluir* e depois no botão *OK*.

Às vezes, uma tarefa pode ter mais de uma predecessora.

2. Clique duas vezes na tarefa *Voo de ida e de volta* (sucessora) para abrir a janela *Informações da tarefa*. Na aba *Predecessoras*, digite em cada linha da coluna *Nome da Tarefa* (ou pela coluna *Id*) as tarefas sucessoras *Preparar a bagagem* e *Solicitar à pessoa que está em Dublin uma carta de entrada no país, com datas de ida e volta e o local de permanência*. Determine o tipo de vínculo com cada uma *(Término-a-Início (TI)* e, por fim, clique em *OK*.

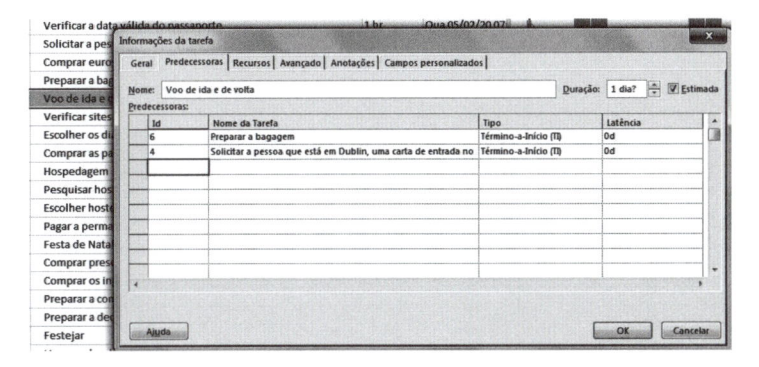

Tempo de espera entre os vínculos de tarefas (latência)

Quando uma tarefa é finalizada, pode ser necessário haver um tempo a mais (ou a menos) antes que a tarefa seguinte seja iniciada. Por exemplo, se estivesse fazendo um projeto para a pintura de uma parede, seria necessário considerar o tempo de secagem da tinta entre uma demão e outra. Esse tempo de espera chama-se latência, e pode ser determinado em tempo útil, em tempo decorrido ou em uma porcentagem da duração da tarefa predecessora.

A latência pode ser um tempo de espera positivo ou negativo. Por exemplo, ao escrever um livro, talvez não seja necessário esperar que toda a obra seja finalizada para se iniciar a revisão, pois essa etapa poderia ser iniciada após a finalização de cada capítulo, de modo que as tarefas poderiam ser executadas simultaneamente por um período.

Para inserir a latência nos vínculos entre as tarefas:

1. Clicar duas vezes na tarefa sucessora *Voo de ida e de volta*, para abrir a janela *Informações da tarefa*. Na aba *Predecessoras*, no campo *Latência*, informe o período útil, ou o período decorrido ou a porcentagem da duração da tarefa predecessora, de acordo com a imagem a seguir. Em seguida, clique em *OK*.

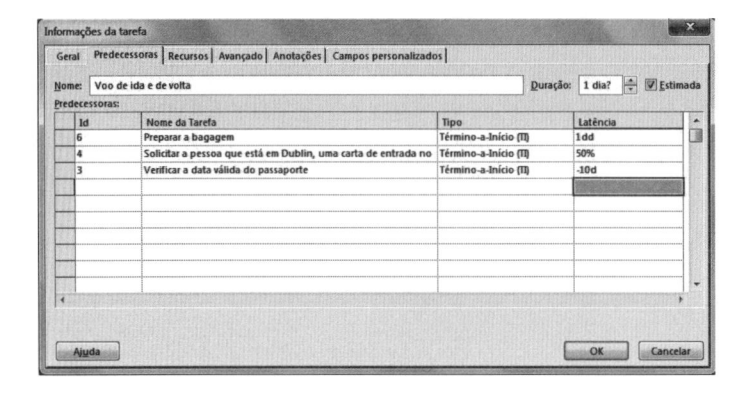

Também é possível inserir a latência pelas colunas *Predecessoras* ou *Sucessoras*.

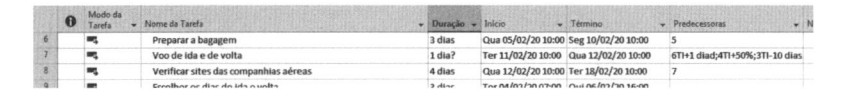

Outra opção é clicar duas vezes no *Gráfico de Gantt*, na linha do vínculo entre as tarefas. Será aberta a janela *Dependência entre tarefas*, onde pode-se ajustar o campo *Latência* e depois clicar no botão *OK*.

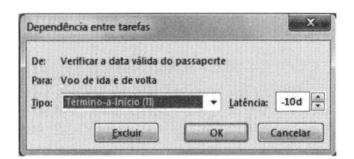

No projeto *Viagem no Natal para Dublin em 2020*, insira os vínculos entre as tarefas e as latências conforme a tabela a seguir:

Id	Nome da Tarefa	Duração	Predecessoras
1	Passaportes	1 dia?	
2	Tirar o passaporte	1 dia	
3	Verificar a data válida do passaporte	1 hr	2TT
4	Solicitar à pessoa que está em Dublin uma carta de entrada no país, com datas de ida e volta e o local de permanência	1 hr	3TI+2 dias
5	Comprar Euros	1 hr	4
6	Preparar a bagagem	3 dias	4
7	Voo de ida e de volta	1 dia?	

(cont.)

Id	Nome da Tarefa	Duração	Predecessoras
8	Verificar sites das companhias aéreas	4 dias	5II;6II
9	Escolher os dias de ida e de volta	3 dias	4;5;6;8
10	Comprar as passagens	1 hr	9
11	Hospedagem	1 dia?	
12	Pesquisar hostels	5 dias	10
13	Escolher um hostel	2 hrs	12TI+2 dias
14	Pagar a permanência no hostel	1 hr	13
15	Festa de Natal	1 dia?	
16	Comprar presentes	10 dias	14TI+5 dias
17	Comprar os ingredientes para a ceia de Natal	2 dias	20IT-3 dias
18	Preparar a comida para a ceia	3 hrs	20IT
19	Preparar a decoração natalina	6 hrs	16
20	Festejar	4 hrsd	16
21	Limpar o local após a ceia	6 hrs	20TI+1 dia
22	Pontos turísticos em Dublin	1 dia?	
23	Procurar pontos turísticos em Dublin	15 dias	12II
24	Verificar o valor de cada ponto turístico	3 hrs	23II+1 hr
25	Término da viagem	1 dia?	
26	Voltar para casa (voo)	13 hrsd	21TI+10 dias;24
27	Desfazer a bagagem	1 dia	26
28	Fim da viagem	0 dia	27

ATIVIDADE 3: CRIAR O CRONOGRAMA

Para melhor gerenciar o projeto, é importante dividi-lo em *Fases* e *Entregas*, além das *Tarefas*, criando-se assim a EAP (Estrutura Analítica do Projeto, ou WBS, do inglês Work Breakdown Structure). Para criar essa estrutura de tópicos, podemos usar o próprio Project, ou a ferramenta *Estrutura de Tópicos* do Word, ou a ferramenta gratuita disponibilizada no site http://www.wbstool.com.

Por padrão, nas *Fases* e *Entregas,* são usados substantivos, o que ajuda a gerenciar a qualidade, e nas *Tarefas* (que são os itens da camada mais baixa da hierarquia do cronograma) são usados verbos, pois nelas o foco é a ação. A *Entrega*, em conjunto com suas *Tarefas*, é chamada de *Pacote de trabalho*.

Para criar o *Pacote de trabalho* e as *Entregas*, é preciso fazer a indentação:

1. Selecione as linhas *2* a *6*. Pela guia *Tarefa*, no grupo *Cronograma*, clique na ferramenta *Recuar Tarefa* ( ).

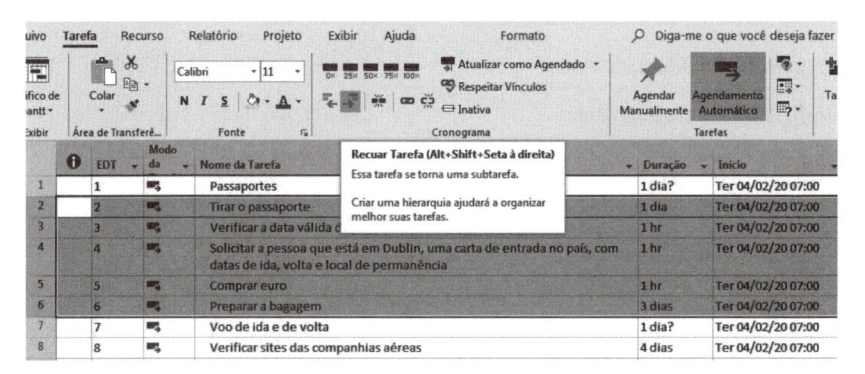

Assim, as linhas selecionadas irão para um nível abaixo na hierarquia.

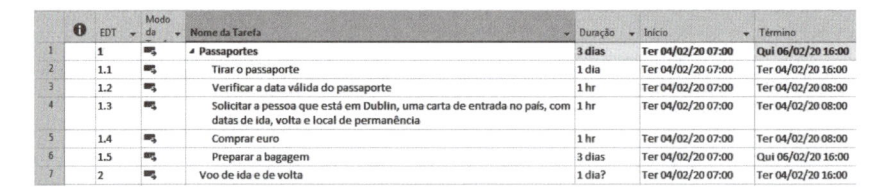

💬 Há outras maneiras de indentar as tarefas:

- Após selecionar as linhas que serão indentadas, posicione o cursor do mouse em cima do nome da tarefa (o cursor mudará para uma seta com duas pontas). Clique e arraste para a direita. Aparecerá uma linha na vertical mostrando a indentação. Solte o botão do mouse.

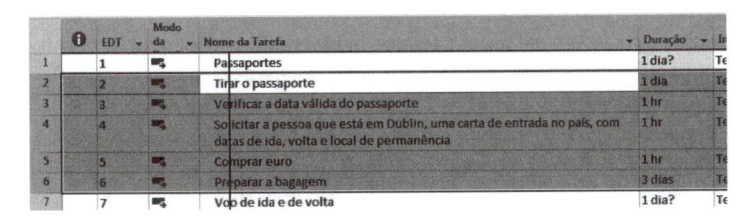

- Pelo teclado, após selecionar as linhas das tarefas a serem indentadas, pressione shift + alt + seta para a direita no teclado.

- Para criar tarefas já indentadas, clique em uma linha em branco, vá na guia *Tarefa*, depois no grupo *Inserir* e clique na ferramenta *Inserir Tarefa Resumo*.

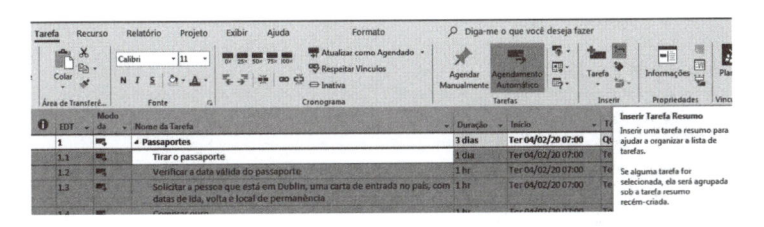

2. Indente o restante do projeto *Viagem no Natal para Dublin em 2020* de acordo com o exemplo a seguir:

Nome da Tarefa	Duração
Passaportes	6,13 dias
Tirar o passaporte	1 dia
Verificar a data válida do passaporte	1 hr
Solicitar à pessoa que está em Dublin uma carta de entrada no país, com datas de ida e volta e o local de permanência	1 hr
Comprar euros	1 hr
Preparar a bagagem	3 dias
Voo de ida e de volta	7,13 dias
Verificar sites das companhias aéreas	4 dias

(cont.)

Nome da Tarefa	Duração
Escolher os dias de ida e de volta	3 dias
Comprar as passagens	1 hr
Hospedagem	7,38 dias
Pesquisar hostels	5 dias
Escolher um hostel	2 hrs
Pagar a permanência no hostel	1 hr
Festa de Natal	12,13 dias
Comprar presentes	10 dias
Comprar os ingredientes para a ceia de Natal	2 dias
Preparar a comida para a ceia	3 hrs
Preparar a decoração natalina	6 hrs
Festejar	4 hrsd
Limpar o local após a ceia	6 hrs
Pontos turísticos em Dublin	15 dias
Procurar pontos turísticos em Dublin	15 dias
Verificar o valor de cada ponto turístico	3 hrs
Término da viagem	1,25 dias
Voltar para casa (voo)	13 hrsd
Desfazer a bagagem	1 dia
Fim da viagem	0 dias

INSERIR O NÚMERO DA INDENTAÇÃO

1. Para que apareça o número do nível da hierarquia do cronograma, clique com o botão direito do mouse sobre o cabeçalho da coluna *Modo da Tarefa* e digite *EDT*:

Será exibida a coluna *EDT*, que mostra a Estrutura de Divisão de Trabalho.

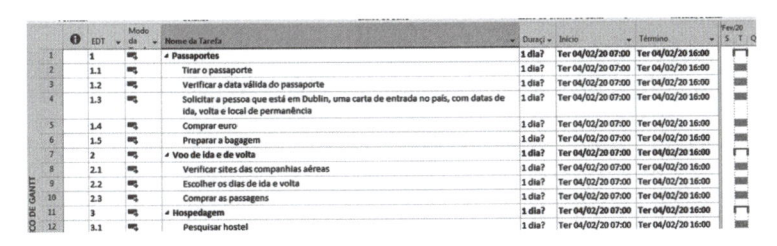

💬 Também é possível incluir a *EDT* pela guia *Formato*. No grupo *Mostrar/Ocultar*, clique na ferramenta *Número da Estrutura de Tópicos*:

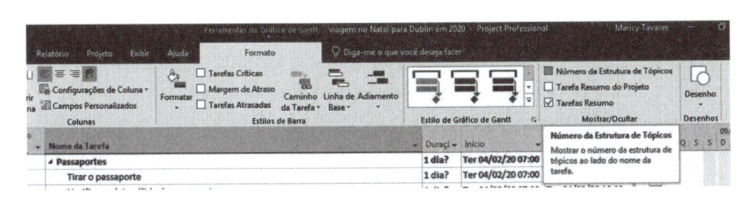

Os números da estrutura de tópicos aparecerão na mesma coluna.

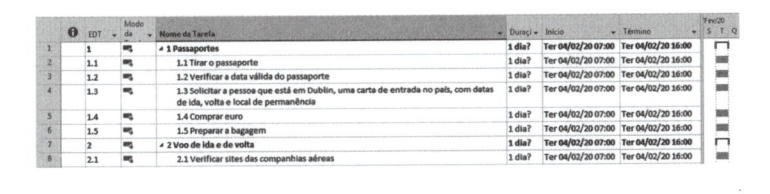

Inserir o *Id0* (zero) no cronograma

Para inserir a tarefa com *Id0* (zero), vá na guia *Formato* e, no grupo *Mostrar/Ocultar*, clique na ferramenta *Tarefa Resumo do Projeto*:

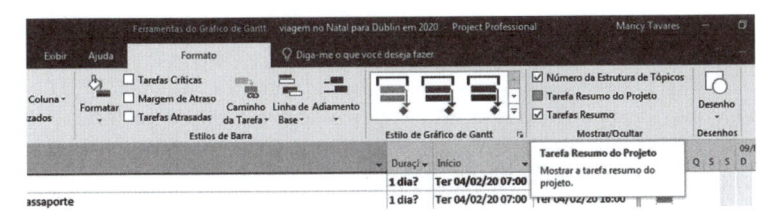

Tarefas – 55

A tarefa com *Id0* aparecerá no cronograma.

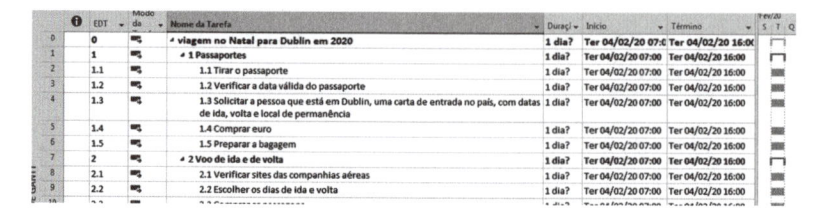

❶	EDT	Modo da	Nome da Tarefa	Duraçã	Início	Término	S T Q
	0		⊿ viagem no Natal para Dublin em 2020	1 dia?	Ter 04/02/20 07:0	Ter 04/02/20 16:0	
	1		⊿ 1 Passaportes	1 dia?	Ter 04/02/20 07:00	Ter 04/02/20 16:00	
	1.1		1.1 Tirar o passaporte	1 dia?	Ter 04/02/20 07:00	Ter 04/02/20 16:00	
	1.2		1.2 Verificar a data válida do passaporte	1 dia?	Ter 04/02/20 07:00	Ter 04/02/20 16:00	
	1.3		1.3 Solicitar a pessoa que está em Dublin, uma carta de entrada no país, com datas de ida, volta e local de permanência	1 dia?	Ter 04/02/20 07:00	Ter 04/02/20 16:00	
	1.4		1.4 Comprar euro	1 dia?	Ter 04/02/20 07:00	Ter 04/02/20 16:00	
	1.5		1.5 Preparar a bagagem	1 dia?	Ter 04/02/20 07:00	Ter 04/02/20 16:00	
	2		⊿ 2 Voo de ida e de volta	1 dia?	Ter 04/02/20 07:00	Ter 04/02/20 16:00	
	2.1		2.1 Verificar sites das companhias aéreas	1 dia?	Ter 04/02/20 07:00	Ter 04/02/20 16:00	
	2.2		2.2 Escolher os dias de ida e volta	1 dia?	Ter 04/02/20 07:00	Ter 04/02/20 16:00	

RESTRIÇÃO NA TAREFA

Por padrão, todas as tarefas começam a partir da data de início do projeto, e, após serem criados os vínculos entre elas, a data de início é ajustada para começar o mais breve possível, de acordo com o tipo de vínculo e a latência.

Algumas tarefas devem começar ou terminar em uma data específica, como *Festejar o Natal*. Pode ser que uma tarefa precise começar a partir (ou terminar antes) de uma data específica. Essa configuração se chama restrição da tarefa, e deve ser informada no campo *Data da restrição*, que por padrão aparece como *ND* (não disponível).

Os tipos de restrições são:

- *Inflexível*: quando uma tarefa precisa começar ou terminar efetivamente em uma data determinada. Possui duas opções:
    - *Deve começar em*, determinando que é imprescindível que a tarefa comece na data especificada; e
    - *Deve terminar em*, determinando que é imprescindível que a tarefa termine na data específica.
- *Semiflexível*: quando a tarefa pode começar antes, depois, ou a partir de uma data. Possui quatro opções:
    - *Não iniciar antes de*, que determina que a tarefa pode iniciar em qualquer data a partir da data especificada (se a tarefa for agendada automaticamente e você digitar uma data no campo *Início*, será adicionada uma restrição *Semiflexível* do tipo *Não iniciar antes de*);
    - *Não iniciar depois de*: a tarefa pode iniciar em qualquer data antes da data especificada;
    - *Não terminar antes de*: a tarefa pode terminar apenas depois da data especificada (se a tarefa for agendada automaticamente e você digitar uma data no campo *Término*, será adicionada uma restrição *Semiflexível* do tipo *Não terminar antes de*); e
    - *Não terminar depois de*: a tarefa precisa terminar antes da data especificada.
- *Flexível*: a tarefa pode iniciar mais cedo ou mais tarde, de acordo com as dependências com outras tarefas.

1. Clique duas vezes sobre a tarefa *Verificar a data válida do passaporte*. Será aberta a janela *Informações da tarefa*.

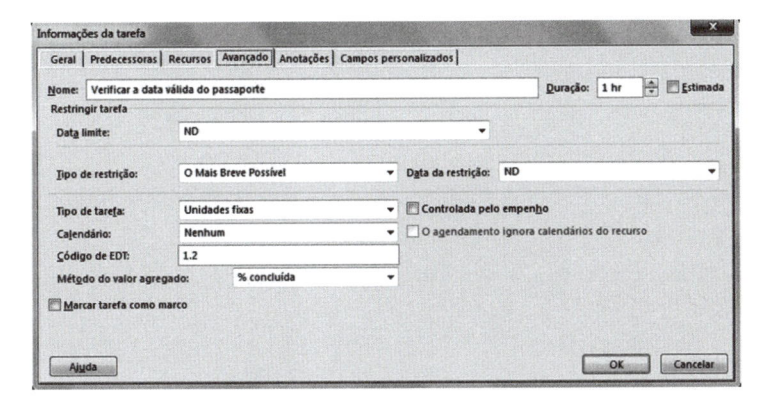

2. Na aba *Avançado*, altere o campo *Tipo de restrição* para *O Mais Breve Possível*:

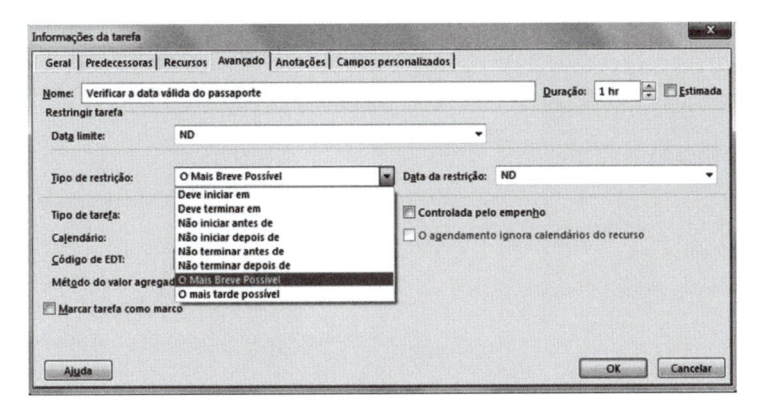

> Ao inserir uma restrição inflexível na tarefa, aparece na coluna *Indicadores* um ícone de calendário com um ponto vermelho. Ao inserir uma restrição semi-flexível na tarefa, aparece na coluna *Indicadores* um ícone de calendário com um ponto azul.

3. No projeto *Viagem no Natal para Dublin em 2020*, configure a tarefa *Festejar* para que aconteça no dia *25/12/20* às *23:00 h*.

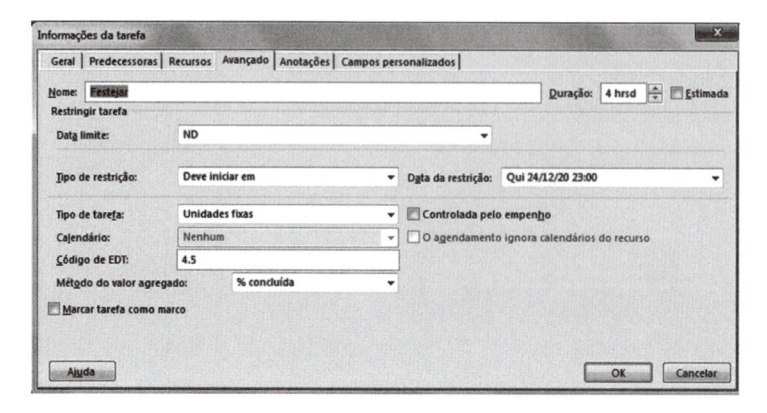

4. Após inserir as configurações de restrição inflexível e clicar em *OK*, o Project abre a janela *Assistente de planejamento* e pergunta se realmente quer inserir a restrição inflexível:

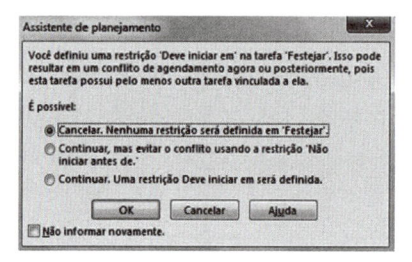

As opções são:

- *Cancelar. Nenhuma restrição será definida em 'Tarefa'*: a restrição não será aplicada.

- *Continuar, mas evitar o conflito usando a restrição 'Não iniciar antes de.'*: o Project altera a restrição de inflexível para semiflexível (*Não iniciar antes de*).

- *Continuar. Uma restrição Deve iniciar em será definida*: a restrição inflexível será aplicada.

5. Clique na opção *Continuar. Uma restrição Deve iniciar em será definida* e depois em *OK*.

15	4		◢ Festa de Natal		205,13 dias	Qui 05/03/20 13:00	Ter 29/12/20 14:00
16	4.1		Comprar presentes	14TI+5 dias	10 dias	Qui 05/03/20 13:00	Qui 19/03/20 13:00
17	4.2		Comprar os ingredientes para a ceia de Natal	20IT-3 dias	2 dias	Sex 18/12/20 07:00	Ter 22/12/20 07:00
18	4.3		Preparar a comida para ceia	20IT	3 hrs	Qui 24/12/20 13:00	Qui 24/12/20 23:00
19	4.4		Preparar a decoração de natal	16	6 hrs	Qui 19/03/20 13:00	Sex 20/03/20 10:00
20	4.5		Festejar	16	4 hrsd	Qui 24/12/20 23:00	Sex 25/12/20 03:00
21	4.6		Limpar o local após a ceia	20TI+1 dia	6 hrs	Ter 29/12/20 07:00	Ter 29/12/20 14:00

As células azuis mostram o impacto da restrição inflexível na tarefa do *Id20* (onde aparece o ícone do calendário com o ponto vermelho), e as novas datas das tarefas sucessoras.

6. Configure a tarefa *Voltar para casa (voo)* com uma restrição semiflexível, para que não inicie antes de *17/01/21*:

25			◢ Término		1 dia	Dom 17/01/21 07:00	Seg 18/01/21 16:00
26	📅	6.1	Voltar para casa (vôo)	21TI+10 dias;24	13 hrsd	Dom 17/01/21 07:00	Dom 17/01/21 20:00
27		6.2	Desfazer a bagagem	26	1 dia	Seg 18/01/21 07:00	Seg 18/01/21 16:00
28		7	Fim da viagem	27	0 dias	Seg 18/01/21 16:00	Seg 18/01/21 16:00

DATA-LIMITE DA TAREFA

É possível que uma tarefa tenha uma data de prazo final independente da data de término, como o prazo limite para a entrega de um projeto. Essa configuração não altera em nada as datas de início e de término da tarefa, apenas mostra no *Gráfico de Gantt* a data-limite informada.

1. No projeto *Viagem no Natal para Dublin em 2020*, clique duas vezes sobre a tarefa *Pagar a permanência no hostel*. Será aberta a janela *Informações da tarefa*. Na aba *Avançado*, no campo *Data-limite*, informe a data-limite como *16/03/20*:

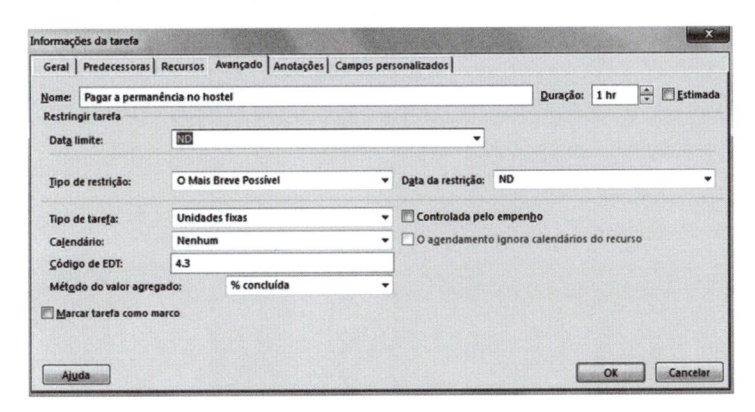

O *Gráfico de Gantt* mostra uma seta verde ⬇ indicando a data-limite:

18		4	◢ Hospedagem	7,38 dias	Qui 20/02/20 09:00	Seg 02/03/20 13:00
19		4.1	Pesquisar hostel	5 dias	Qui 20/02/20 09:00	Qui 27/02/20 09:00
20		4.2	Escolher hostel	2 hrs	Seg 02/03/20 09:00	Seg 02/03/20 11:00
21		4.3	Pagar a permanência no hostel	1 hr	Seg 02/03/20 12:00	Seg 02/03/20 13:00
22		5	◢ Festa de Natal	203,13 dias	Seg 09/03/20 13:00	Ter 29/12/20 14:00

Caso a tarefa atrase e a data de término ultrapasse a data-limite, na coluna *Id* aparecerá um ícone de atraso.

2. Só como exemplo, altere o prazo da tarefa *Pagar a permanência no hostel* de *1 hora* para *12 dias*:

18	4		⟶ Hospedagem	18,25 dias	Qui 20/02/20 09:00	Ter 17/03/20 11:00
19	4.1		Pesquisar hostel	5 dias	Qui 20/02/20 09:00	Qui 27/02/20 09:00
20	4.2		Escolher hostel	2 hrs	Seg 02/03/20 09:00	Seg 02/03/20 11:00
21			Pagar permanência no hostel	11 dias	Seg 02/03/20 12:00	Ter 17/03/20 11:00
22		Esta tarefa ultrapassou seu data limite final em Seg 16/03/20 16:00	Natal	192,25 dias	Ter 24/03/20 12:00	Ter 29/12/20 14:00

3. Pressione *Ctrl + Z* para voltar a duração da tarefa *Pagar a permanência no hostel* para *1 hora*.

Calendário da tarefa

Quando uma tarefa precisa acontecer em um período que não esteja no calendário do projeto, é preciso criar outro calendário no Project (como visto no Capítulo 2) e então atribuí-lo à tarefa.

1. Para atribuir o calendário a uma tarefa, clique duas vezes na tarefa para abrir a janela *Informações da tarefa*. Na aba *Avançado*, no campo *Calendário*, selecione o calendário criado e clique em *OK*. Insira o calendário *Turno da noite* na tarefa *Comprar as passagens*, pois comprá-las de madrugada pode ser mais barato.

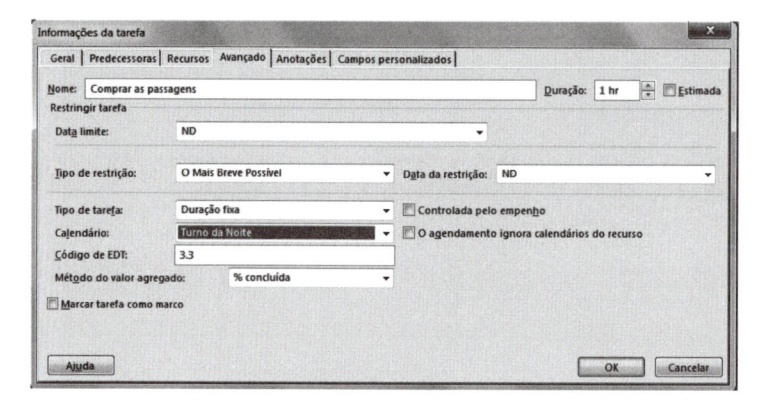

Aparecerá o ícone de um calendário na coluna *Id*, e a tarefa assumirá o horário do calendário configurado.

16		3.2		Escolher os dias de ida e volta	3 dias	Seg 17/02/20 08:00	Qui 20/02/20 08:00
17		3.3		Comprar as passagens	1 hr	Qui 20/02/20 23:00	Sex 21/02/20 00:00

Anotações da tarefa

Caso seja necessário fazer alguma anotação na tarefa, clique duas vezes na tarefa para abrir a janela *Informações da tarefa* e utilize a aba *Anotações*. Outra maneira é clicar na guia *Tarefa* e, no grupo *Propriedades*, usar a ferramenta *Anotações da Tarefa*:

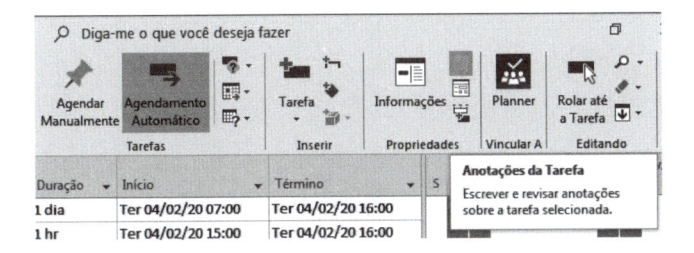

1. Utilizando o método de sua preferência, escreva a seguinte anotação na tarefa *Comprar as passagens*: *Comprar as passagens de madrugada para a possibilidade de ter promoção de alguma companhia aérea.*

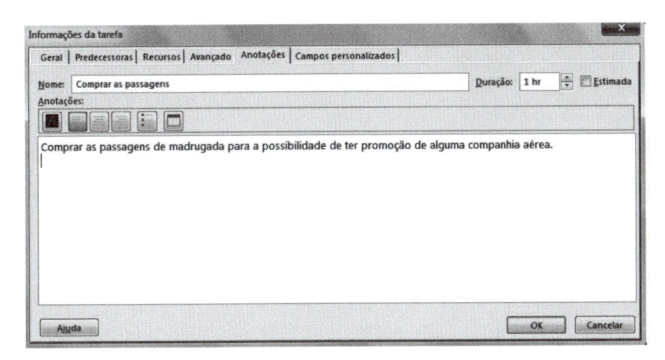

Aparecerá o ícone de *Anotações* na coluna *Indicadores*.

> No campo *Anotações*, é possível formatar a fonte, alinhar o texto à esquerda, centralizá-lo ou alinhá-lo à direita, incluir marcadores e inserir objetos (texto, imagem, ou outro tipo de arquivo). O tamanho dos arquivos inseridos dessa maneira é acrescentado ao tamanho do arquivo do Project.
>
> Para inserir informações nas tarefas sem aumentar o tamanho do arquivo do Project, é possível inserir um link, que não fica armazenado no arquivo do projeto. Para isso, clique com o lado direito do mouse na coluna *Id* da tarefa e, no menu suspenso que se abre, selecione *Link*:

Será aberta a janela *Inserir Hiperlink*. No campo *Examinar*, encontre o local onde está salvo o documento, selecione o arquivo e clique em *OK*.

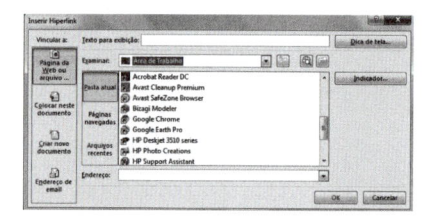

Na coluna *Id* da tarefa, aparece o ícone do *Link*, que permite abrir o arquivo.

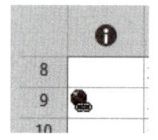

Tarefa recorrente ou periódica

Em muitos projetos, será necessário realizar tarefas recorrentes ou periódicas, que acontecem regularmente, tais como reuniões com a equipe e com o cliente.

1. No projeto *Viagem no Natal para Dublin 2020*, selecione o *Id1* e vá na guia *Tarefa*. No grupo *Inserir*, clique na ferramenta *Tarefa* e selecione a opção *Tarefa Periódica*.

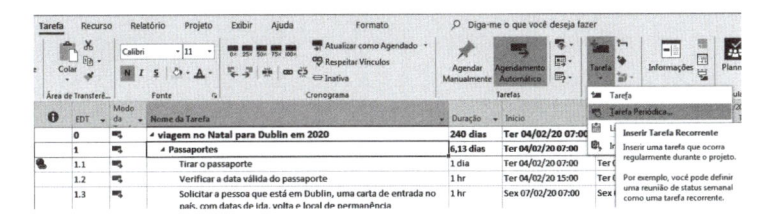

Será aberta a janela *Informações sobre Tarefas Recorrentes*, com os seguintes campos:

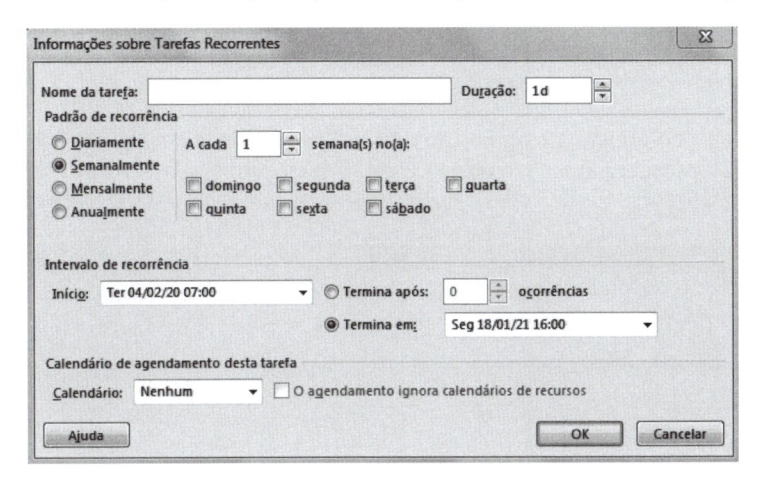

- *Nome da tarefa*: define o nome da tarefa recorrente.
- *Duração*: estabelece a duração da tarefa recorrente.
- *Padrão de recorrência*: determina de quanto em quanto tempo ocorrerá a recorrência.
- *A cada [período de tempo]*: informa o padrão de tempo da recorrência.
- *Intervalo de recorrência*: define de quando a quando a tarefa recorrente será necessária. Por padrão, o Project mostra todo o período do projeto, mas as datas de início e término podem ser alteradas manualmente.
- *Calendário*: por padrão, as tarefas recorrentes acontecem no período útil do projeto, mas é possível informar um calendário específico para elas.

2. Insira a tarefa recorrente *reunião com a família*, com duração de *1 hora*, ocorrendo uma vez por semana, às terças-feiras, desde o começo do projeto até o dia *10/03/20*. Em seguida, clique em *OK*.

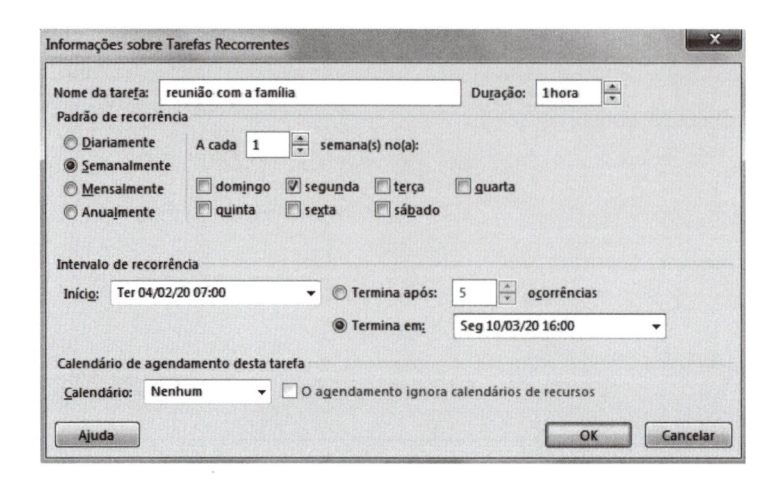

Se em algum período no projeto a tarefa recorrente estiver agendada em um dia não útil, aparecerá uma janela perguntando o que você deseja fazer com essa ocorrência. Há três opções:

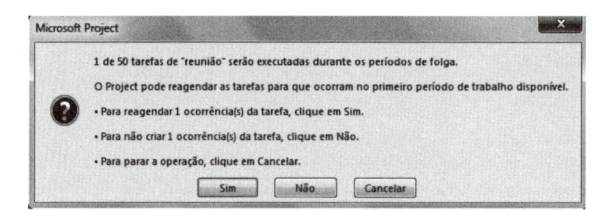

- *Sim*: a tarefa recorrente que aconteceria no período não útil será reagendada para o próximo dia e horário útil.

- *Não*: a tarefa recorrente que aconteceria no período não útil será excluída, enquanto as demais serão mantidas.

- *Cancelar*: volta para a janela *Informações sobre Tarefas Recorrentes* e permite verificar as informações digitadas.

Ao criar uma tarefa recorrente ou periódica, o Project exibe o ícone de recorrência na coluna *Id*:

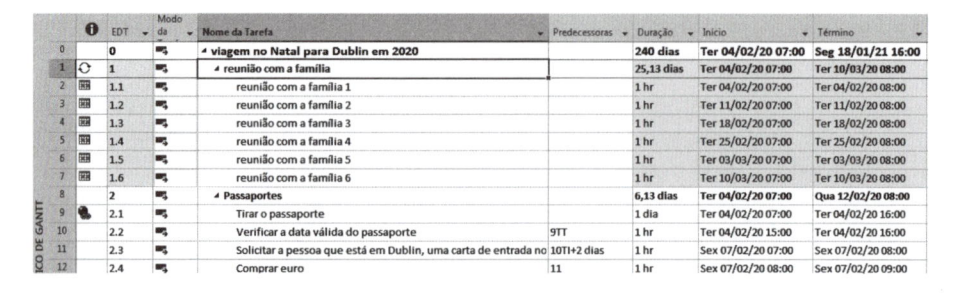

		❶	EDT	Modo da	Nome da Tarefa	Predecessoras	Duração	Início	Término
	0		0		▲ viagem no Natal para Dublin em 2020		240 dias	Ter 04/02/20 07:00	Seg 18/01/21 16:00
	1	↻	1		▲ reunião com a família		25,13 dias	Ter 04/02/20 07:00	Ter 10/03/20 08:00
	2		1.1		reunião com a família 1		1 hr	Ter 04/02/20 07:00	Ter 04/02/20 08:00
	3		1.2		reunião com a família 2		1 hr	Ter 11/02/20 07:00	Ter 11/02/20 08:00
	4		1.3		reunião com a família 3		1 hr	Ter 18/02/20 07:00	Ter 18/02/20 08:00
	5		1.4		reunião com a família 4		1 hr	Ter 25/02/20 07:00	Ter 25/02/20 08:00
	6		1.5		reunião com a família 5		1 hr	Ter 03/03/20 07:00	Ter 03/03/20 08:00
	7		1.6		reunião com a família 6		1 hr	Ter 10/03/20 07:00	Ter 10/03/20 08:00
	8		2		▲ Passaportes		6,13 dias	Ter 04/02/20 07:00	Qua 12/02/20 08:00
	9		2.1		Tirar o passaporte		1 dia	Ter 04/02/20 07:00	Ter 04/02/20 16:00
	10		2.2		Verificar a data válida do passaporte	9TT	1 hr	Ter 04/02/20 15:00	Ter 04/02/20 16:00
	11		2.3		Solicitar a pessoa que está em Dublin, uma carta de entrada no	10TI+2 dias	1 hr	Sex 07/02/20 07:00	Sex 07/02/20 08:00
	12		2.4		Comprar euro	11	1 hr	Sex 07/02/20 08:00	Sex 07/02/20 09:00

Dividir uma tarefa (split)

Uma tarefa pode ser dividida (split) ou precisar de uma espera na sua execução, como um prazo para continuar posteriormente, o que empurra a data de término para depois. Isso pode gerar ou não um atraso no projeto.

Para dividir uma tarefa, vá na guia *Tarefa* e, no grupo *Cronograma*, clique na ferramenta *Dividir Tarefa*.

Também é possível dividir a tarefa pelo *Gráfico de Gantt*. Clique com o lado direito do mouse em cima da barra da tarefa e, no menu suspenso, selecione *Dividir Tarefa*.

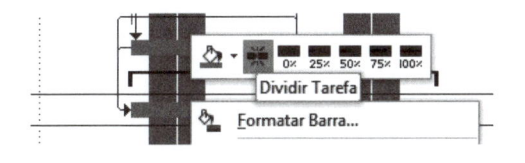

Ao dividir a tarefa pelo *Gráfico de Gantt*, aparece um retângulo amarelo que permite selecionar a data em que a tarefa será retomada. Basta arrastar e soltar o mouse na data desejada.

1. No projeto *Viagem no Natal para Dublin em 2020*, divida a tarefa *Verificar sites das companhias aéreas* para que tenha uma quebra na sexta-feira, dia *07/02/20*, e volte na quarta-feira, dia *12/02/20*:

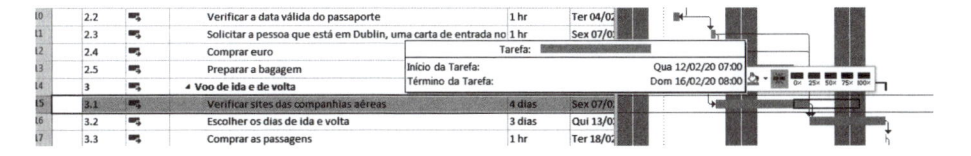

2. Clique sobre o retângulo azul e mantenha o mouse pressionado. Será exibida uma caixa de informações, que mostra na primeira linha a data de retorno da tarefa.

Para o Project, essa tarefa de quatro dias começará em um dia, terá uma parada de dois dias úteis e depois será retomada. O Project não entende que a divisão acontecerá na data informada, e sim na condiçao em que foi dividida.

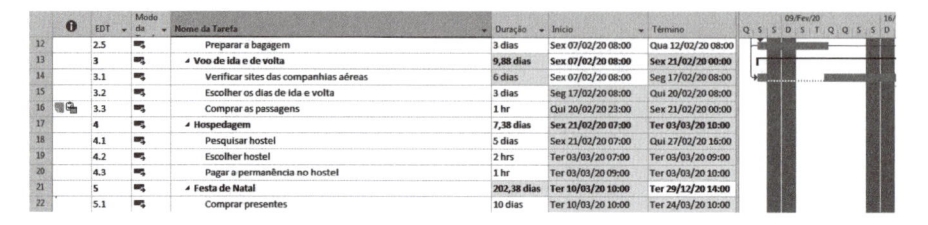

	EDT	Modo da	Nome da Tarefa	Duração	Início	Término
12	2.5		Preparar a bagagem	3 dias	Sex 07/02/20 08:00	Qua 12/02/20 08:00
13	3		⊿ Voo de ida e de volta	9,88 dias	Sex 07/02/20 08:00	Sex 21/02/20 00:00
14	3.1		Verificar sites das companhias aéreas	6 dias	Sex 07/02/20 08:00	Seg 17/02/20 08:00
15	3.2		Escolher os dias de ida e volta	3 dias	Seg 17/02/20 08:00	Qui 20/02/20 08:00
16	3.3		Comprar as passagens	1 hr	Qui 20/02/20 23:00	Sex 21/02/20 00:00
17	4		⊿ Hospedagem	7,38 dias	Sex 21/02/20 07:00	Ter 03/03/20 10:00
18	4.1		Pesquisar hostel	5 dias	Sex 21/02/20 07:00	Qui 27/02/20 16:00
19	4.2		Escolher hostel	2 hrs	Ter 03/03/20 07:00	Ter 03/03/20 09:00
20	4.3		Pagar a permanência no hostel	1 hr	Ter 03/03/20 09:00	Ter 03/03/20 10:00
21	5		⊿ Festa de Natal	202,38 dias	Ter 10/03/20 10:00	Ter 29/12/20 14:00
22	5.1		Comprar presentes	10 dias	Ter 10/03/20 10:00	Ter 24/12/20 10:00

A duração da tarefa se mantém. O que muda é a data de término da tarefa e suas sucessoras, conforme mostram as células azuis das tarefas que foram impactadas.

Tarefas inativas

Durante o planejamento do projeto, é possível que o cliente ou algum stakeholder altere o escopo ou retire alguma informação, sendo necessário retirar também as tarefas do cronograma. Para não ter que apagar as tarefas (e perder o histórico), e para ficar preparado caso o cliente decida voltar atrás e incluir as tarefas novamente, pode-se apenas deixar as tarefas como inativas. Assim, elas ficam desabilitadas, e as informações das predecessoras, das sucessoras, da duração, dos recursos alocados e de todo o custo da tarefa ficam inativas.

1. No projeto *Viagem no Natal para Dublin em 2020*, selecione a tarefa *Comprar presentes* e clique sobre ela com o botão direito do mouse. No menu suspenso que se abre, selecione *Desativar Tarefa*.

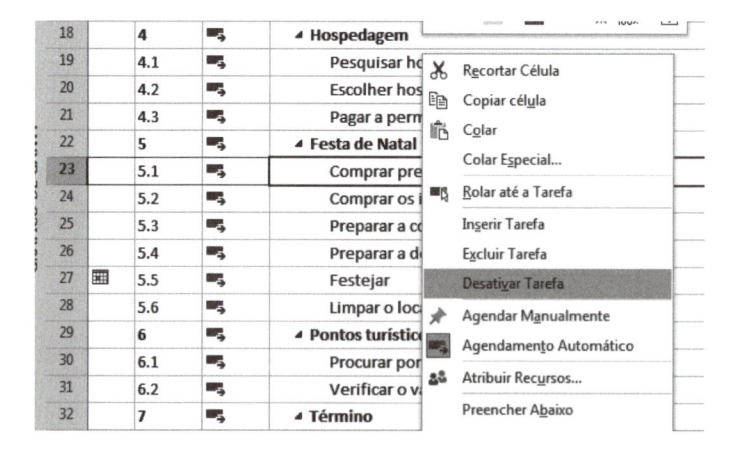

> Outra opção é ir na guia *Tarefa*, no grupo *Cronograma*, e clicar na ferramenta *Inativa*.

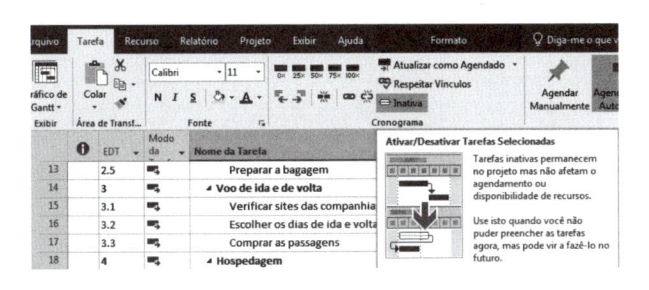

Na *Planilha de Gantt*, a tarefa ficará cinza e tachada. No *Gráfico de Gantt*, aparecerá apenas a borda da barra da tarefa. A tarefa sucessora *Preparar a decoração de Natal* terá como predecessora a tarefa *Pagar a permanência no hostel*, e suas datas de início e de término serão alteradas.

> Para reativar uma tarefa, clique com o botão direito do mouse em cima do nome da tarefa e, no menu suspenso que aparece, desmarque *Desativar Tarefa*. Outra maneira é pela guia *Tarefa*, no grupo *Cronograma*, na ferramenta *Inativa*.

Campo Tipo de tarefa

1. Clique duas vezes sobre a tarefa *Verificar a data válida do passaporte*. Na janela que se abre, vá na aba *Avançado* e observe o campo *Tipo de tarefa*.

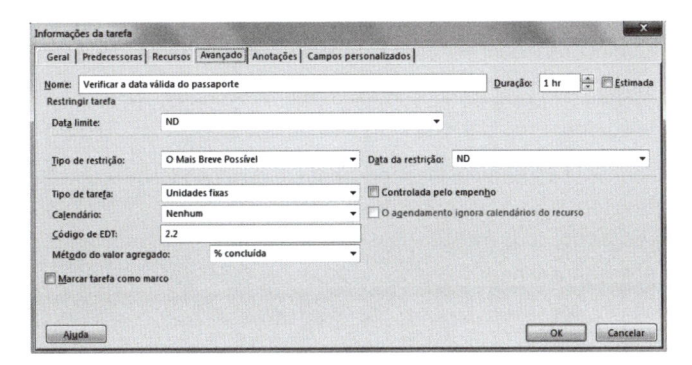

Por padrão, o Project configura o campo *Tipo de tarefa* como *Unidades fixas* e deixa desmarcada a opção *Controlada pelo empenho*. Esse padrão do Project poderá afetar uma das variáveis da tarefa caso seja necessário alocar mais recursos relacionados a esse tipo de trabalho.

> Outras opções para visualizar as informações sobre o *Tipo de tarefa* são:
> - Pela guia *Tarefa*, no grupo *Propriedades*, selecionar a ferramenta *Informações*.
> - Clicar com o botão direito do mouse em cima do nome da tarefa e, no menu suspenso, selecionar *Informações*.
> - Inserir as colunas *Tipo* e *Controlada pelo Esforço*.

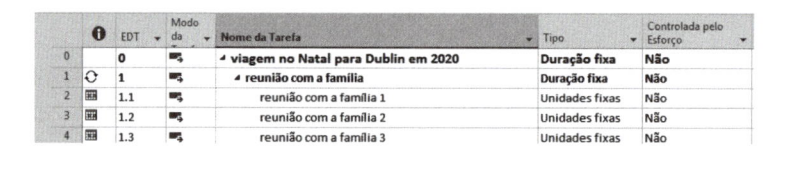

❶	EDT	Modo da	Nome da Tarefa	Tipo	Controlada pelo Esforço
	0		▲ viagem no Natal para Dublin em 2020	Duração fixa	Não
	1		▲ reunião com a família	Duração fixa	Não
	1.1		reunião com a família 1	Unidades fixas	Não
	1.2		reunião com a família 2	Unidades fixas	Não
	1.3		reunião com a família 3	Unidades fixas	Não

As variáveis disponíveis no campo *Tipo de tarefa* são: *Unidades fixas*, *Trabalho fixo* e *Duração fixa*. Utilizando essas três variáveis, o Project faz o seguinte cálculo:

$$\text{Duração} \times \text{Unidades} = \text{Trabalho}$$

Os resultados são de acordo com a tabela a seguir:

Tipo de tarefa	Controlada pelo empenho (esforço)	Campo alterado
Unidades fixas	Sim	Duração
Unidades fixas	Não	Trabalho
Duração fixa	Sim	Unidade
Duração fixa	Não	Trabalho
Trabalho fixo	Sim	Duração

O exemplo a seguir pode ajudar a entender melhor as informações da tabela.

Uma empreiteira está montando um projeto de pintura em que, ao longo de três dias, serão aplicadas duas demãos de tinta nas paredes e no teto de um quarto.

O Project calcula *3 dias de duração da tarefa* x *O empenho do pintor*, que é 100% por dia (ou 1 em decimal, que equivale a 8 horas de trabalho por dia) = *24 horas de trabalho*. Resumindo: *3 dias* x *8 horas* = *24 horas de trabalho* (ou seja, 1 pintor trabalhando 8 horas durante 3 dias trabalhará por 24 horas).

Porém, há a possibilidade de se adicionar outro pintor (mais um recurso do tipo *Trabalho*) na mesma tarefa. Com dois recursos de *Trabalho* na mesma tarefa, temos três possíveis cenários:

- Os dois recursos trabalhando o dia todo durante três dias. Assim, teríamos *3 dias = 24 horas* (pois cada pintor trabalha 8 horas por dia, e são dois pintores) = *48 horas de trabalho*.

- Os dois recursos trabalhando o dia todo durante 1,5 dias (pois com mais recursos de *Trabalho* é possível diminuir a *Duração* da tarefa). Seria *1,5 dia = 12 horas* (um dia de trabalho completo, de 8 horas, e mais meio período, de 4 horas, com dois pintores) = *24 horas de trabalho*.

- Os dois recursos trabalhando três dias, mas cada pintor trabalhando meio período por dia. Seriam *3 dias = 12 horas* (com dois pintores, cada um trabalhando 4 horas) = *24 horas de trabalho*.

Esses três cenários são válidos e servem para ajudar a decidir quando é preciso alocar mais de um recurso do tipo *Trabalho* em uma tarefa, como veremos nos próximos capítulos.

ATIVIDADE 4: ENTENDER COMO CALCULAR O CAMINHO CRÍTICO

O caminho crítico é o caminho mais longo, ou o prazo estimado até a conclusão do projeto. É composto pelas atividades que determinam a duração do projeto, suas durações estimadas e o vínculo entre elas.

Para calcular o caminho crítico, é preciso verificar todas as tarefas começando o mais cedo possível (respeitando os vínculos) e depois verificar todas as tarefas terminando o mais cedo possível.

Para exemplificar, no diagrama a seguir, a *tarefa 1* tem vínculo *TI* com a *tarefa 3*, e a *tarefa 2* tem vínculo *TI* com a *tarefa 3*:

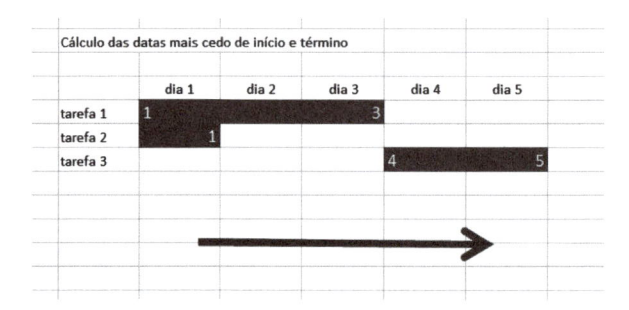

Imaginando um calendário de trabalho das *8:00 h* às *17:00 h*, a *tarefa 1* começa mais cedo no *dia 1* às *8:00 h*. Com a duração de *3 dias*, ela pode terminar mais cedo no *dia 3* às *17:00 h*. A *tarefa 2* começa mais cedo no *dia 1* às *8:00 h*. Com a duração de *1 dia*, ela pode terminar mais cedo no *dia 1* às *17:00 h*. A *tarefa 3*, devido aos vínculos, começa mais cedo no *dia 4* às *8:00 h*. Com a duração de *2 dias*, pode terminar mais cedo no *dia 5* às *17:00 h*.

Agora, é preciso fazer o caminho de volta, ou seja, verificar as tarefas terminando o mais tarde possível (respeitando os vínculos) e verificar todas as tarefas começando o mais tarde possível.

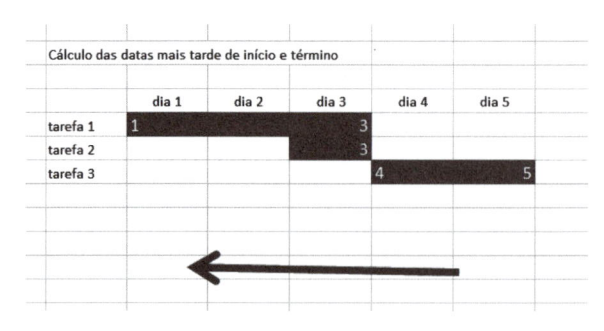

A *tarefa 1* termina mais tarde no *dia 3* às *17:00 h*. Com a duração de *3 dias*, pode iniciar mais tarde no *dia 1* às *8:00 h*. A *tarefa 2* termina mais tarde no *dia 3* às *17:00 h*. Com a duração de *1 dia*, pode iniciar mais tarde no *dia 3* às *8:00 h*. A *tarefa 3*, devido aos vínculos, termina mais tarde no *dia 5* às *17:00 h*. Com a duração de *2 dias*, pode começar mais tarde no *dia 4* às *8:00 h*.

Comparando as datas das tarefas começando mais cedo com as datas das tarefas começando mais tarde, e comparando as datas das tarefas terminando mais cedo com as datas das tarefas terminando mais tarde, as que possuem as mesmas datas e horários são chamadas de *Tarefas Críticas*, pois não mudam de datas e não possuem folga na sua duração. Neste exemplo, são a *tarefa 1* e a *tarefa 3*.

Após a comparação, as tarefas que possuem datas e horários diferentes são chamadas de *Tarefas Não Críticas*, pois possuem folga na sua duração e, se atrasarem até a data de término mais tarde, não atrasam o prazo do projeto. No exemplo, a *tarefa 2* é uma tarefa não crítica, pois tem folga de 2 dias para ser concluída.

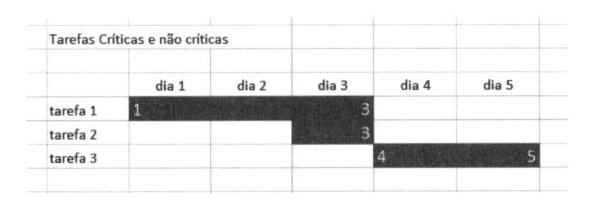

1. Felizmente, o Project calcula automaticamente o caminho crítico do projeto. Para isso, vá na guia *Formato*, no grupo *Estilos de Barra*, e marque a opção *Tarefas Críticas*.

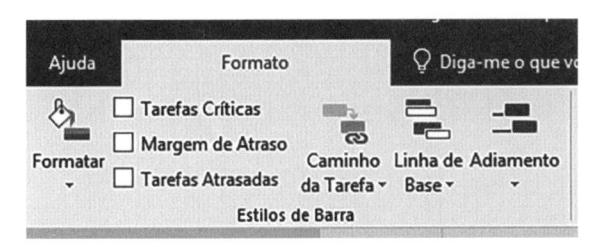

O caminho crítico será exibido no *Gráfico de Gantt*.

ANOTAÇÕES

4
Recursos do projeto

OBJETIVOS

» Conhecer o modo de visão *Planilha de Recursos*

» Conhecer os tipos de recursos e inserir as informações sobre os recursos

» Aprender como a coluna *Tipo* se comporta ao se alocarem recursos *Trabalho* nas tarefas

» Alocar os recursos nas tarefas

» Resolver manualmente a superalocação de recursos *Trabalho*

» Utilizar a ferramenta *Nivelamento de recursos*

ATIVIDADE 1: *PLANILHA DE RECURSOS*

Os recursos do projeto podem ser pessoas, máquinas, equipamentos, material de insumo, orçamento e despesas (custos).

1. Para acessar o modo de visão *Planilha de Recursos*, vá na guia *Tarefa*, no grupo *Exibir*, e selecione a opção *Planilha de Recursos*.

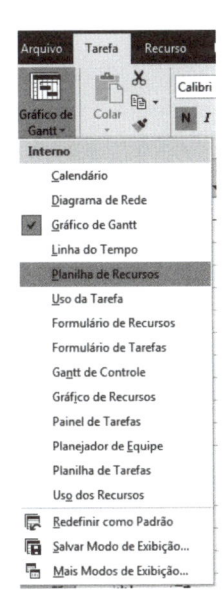

Há outras formas de acessar a *Planilha de Recursos*:

- Pela guia *Recurso*, no grupo *Exibir*, selecionar a opção correspondente.
- Na *Barra de Status*, selecionar *Planilha de Recursos*.
- Na *Barra de Visões*, clicar com o botão direito do mouse e selecionar *Planilha de Recursos*.

No modo de visão *Planilha de Recursos*, a tabela de entrada exibe os seguintes campos-padrão para inserir informações sobre os recursos:

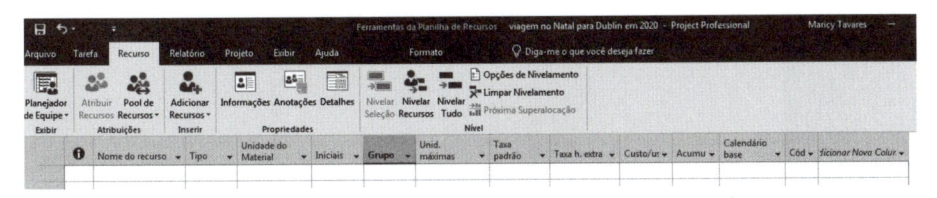

- *Id dos recursos*: de forma semelhante à *Planilha de Gantt*, é uma coluna bloqueada que mostra o número dos recursos, inserido automaticamente.
- *Indicadores*: é a coluna com o ícone ![], onde aparecem os ícones das informações dos recursos.
- *Nome do recurso*: é uma coluna alfanumérica, onde é inserido o nome dos recursos.
- *Tipo*: permite escolher três opções de recursos: *Trabalho*, *Material* e *Custo*.
- *Unidade do Material*: quando o recurso é *Material*, essa coluna serve para informar a unidade de medida do material que será adquirido (m^2, m^3, kg, a granel, etc.).
- *Iniciais*: mostra a primeira letra da coluna *Nome do recurso*.
- *Grupo*: serve para informar o nome da empresa terceirizada, ou o nome do setor ou departamento, do recurso.
- *Unidades Máximas*: utilizada para recursos do tipo *Trabalho*. O padrão são recursos 100% empenhados no projeto, ou seja, dedicados em tempo integral ao projeto.
- *Taxa padrão*: informa o valor do custo (valor da venda) para os recursos do tipo *Trabalho*, ou o valor da unidade para os recursos do tipo *Material*.
- *Taxa de hora extra*: informa o valor da hora extra. O Project informa apenas um valor para a hora extra.
- *Custo/uso*: informa, por exemplo, o custo de armazenagem ou da taxa de entrega de recursos do tipo *Material*, ou o custo por utilizar escolta na entrega do equipamento.
- *Acumular*: mostra a forma como o custo total do recurso incidirá sobre a tarefa: no início, no fim ou rateado ao longo da duração da tarefa.
- *Calendário base*: utilizada para recursos do tipo *Trabalho*, permitindo escolher o calendário do recurso.
- *Código*: permite inserir a matrícula, ou o centro de custo do recurso no projeto.

> As colunas e linhas da *Planilha de Recursos* não são fixas. Ao selecionar o cabeçalho de qualquer coluna, o cursor altera para uma seta de quatro pontas e, com o cursor selecionado, pode-se deslocar a coluna para a direita ou para a esquerda.

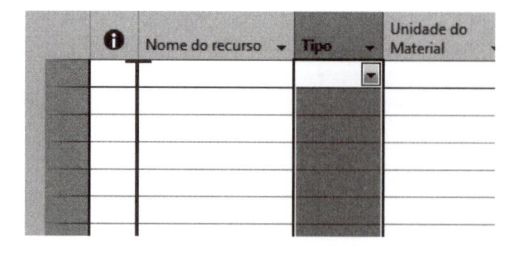

Inserir e excluir recursos

Em qualquer linha da *Planilha de Recursos*, podem-se inserir recursos ao clicar na coluna *Id* com o botão direito do mouse e, no menu suspenso que aparece, selecionar *Inserir Recurso*.

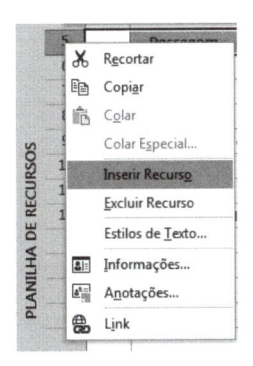

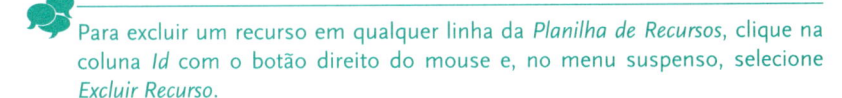

Para excluir um recurso em qualquer linha da *Planilha de Recursos*, clique na coluna *Id* com o botão direito do mouse e, no menu suspenso, selecione *Excluir Recurso*.

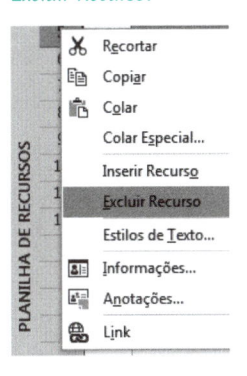

---

1. No projeto *Viagem no Natal para Dublin em 2020*, considere que os recursos estão empenhados 100%, não possuindo custo de hora extra e estando no horário do calendário *Padrão*. Insira as seguintes informações na *Planilha de Recursos*:

Nome do recurso	Tipo	Unidade do material	Grupo	Taxa padrão	Acumular
Maricy	Trabalho			R$ 20,00/hr	Rateado
Bruna	Trabalho			R$ 20,00/hr	Rateado

(cont.)

Nome do recurso	Tipo	Unidade do material	Grupo	Taxa padrão	Acumular
Stella	Trabalho			R$ 20,00/hr	Rateado
Gabriela	Trabalho			R$ 20,00/hr	Rateado
Passagem	Material	Unitário	Companhia aérea	R$ 1.300,00	Início
Euro	Custo		Câmbio		Rateado
Hostel	Custo		Hostel		Início
Roupa	Custo		Loja		Rateado
Ponto turístico	Custo		Pontos turísticos		Rateado
Presente de Natal	Custo		Presentes		Início
Refeição	Custo		Supermercado		Início
Enfeite de Natal	Custo		Enfeites		Início

Inserir as informações dos recursos

Pode ser necessário alterar as informações dos recursos durante o projeto, como se houver o aumento do custo da mão de obra ou de um material. Para isso, basta clicar duas vezes sobre o nome do recurso. Será aberta a janela *Informações sobre o recurso*.

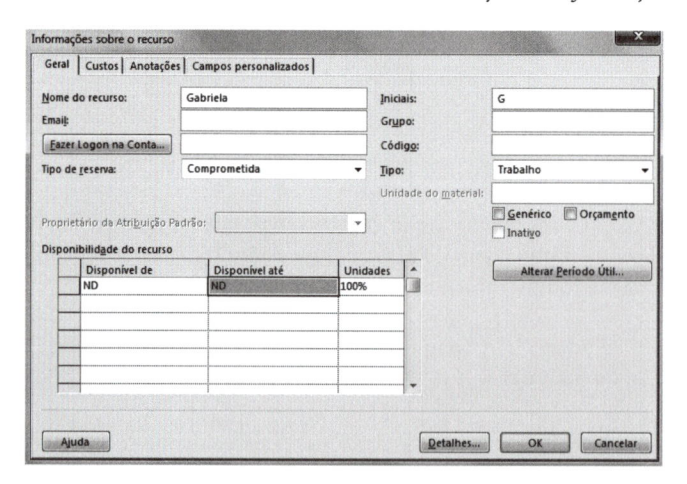

Perceba que há quatro abas nessa janela: *Geral, Custos, Anotações* e *Campos personalizados*.

Inserir informações na aba Geral

Alguns campos nessa aba merecem nossa atenção:

- *Tipo de reserva*: possui duas opções: *Comprometida* (o recurso alocado nas tarefas aparecerá como ocupado), e *Proposta* (o recurso não está confirmado no projeto).

- *Disponibilidade do recurso*: por padrão, os campos *Disponível de* e *Disponível até* aparecem como *ND* (não disponíveis), o que significa que o recurso está disponível do início ao fim do projeto. Caso exista no projeto um recurso que tenha datas específicas de início e de término, é preciso digitar as datas para que o Project entenda o prazo do recurso no projeto.

1. No projeto *Viagem no Natal para Dublin em 2020*, clique duas vezes no nome do recurso *Gabriela* e, na janela *Informações sobre o recurso*, na aba *Geral*, clique no botão *Alterar Período Útil*.

2. Será aberta a janela *Alterar Período Útil*. Na aba *Exceções,* inclua a *licença-maternidade* de *07/10/19* a *24/01/20*.

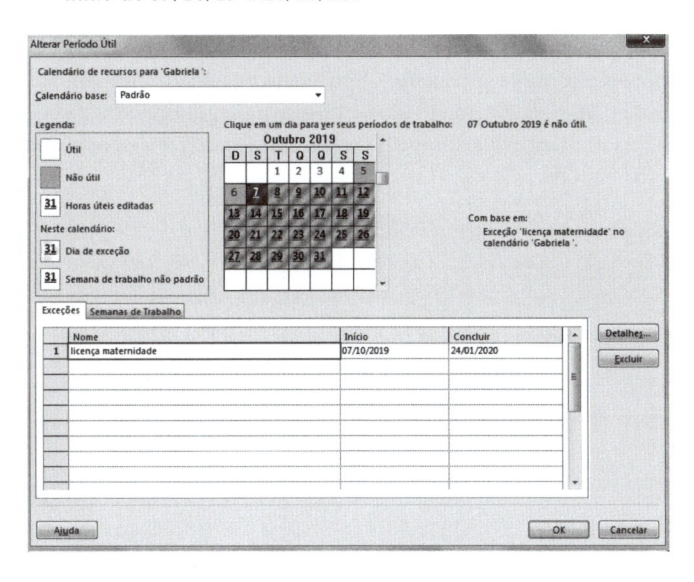

3. O Project respeita o período não útil do recurso *Trabalho*. Neste exemplo, o recurso *Gabriela* só estará disponível para o projeto a partir de *27/01/20*. Clique em *OK*.

Inserir informações na aba Custos

No projeto *Viagem no Natal para Dublin em 2020*, o valor da hora da *Gabriela* terá um aumento de 10%, por ter mudado de cargo (função), a partir de *02/01/20*.

1. Clique duas vezes no nome do recurso para abrir a janela *Informações sobre o recurso*. Na aba *Custos*, informe a data da mudança na segunda linha da coluna *Data efetiva*. Na segunda linha da coluna *Taxa padrão*, digite *10%* e pressione *Enter*.

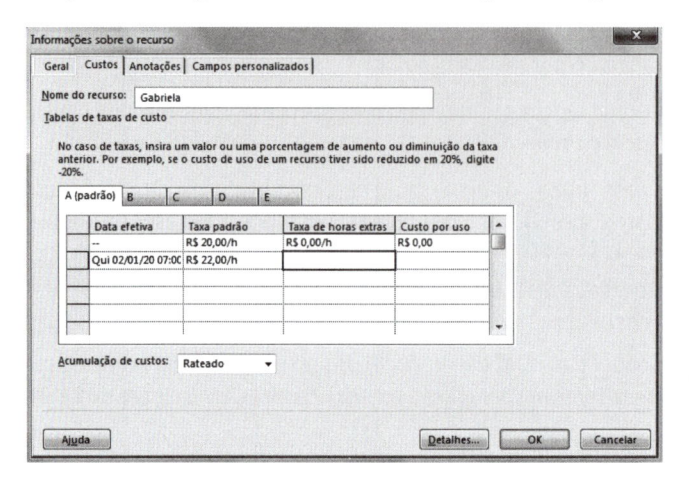

2. O valor é reajustado de acordo com a porcentagem inserida. Clique em *OK*.

3. De volta à *Planilha de Recursos*, clique duas vezes no nome do recurso *Passagem* para abrir a janela *Informações sobre o recurso*. O custo da passagem também vai aumentar 10% a partir de *01/03/20*. Na aba *Custos*, informe na segunda linha da coluna *Data efetiva* a data da mudança. Na coluna *Taxa padrão*, digite *10%* e pressione *Enter*. Em seguida, clique em *OK*.

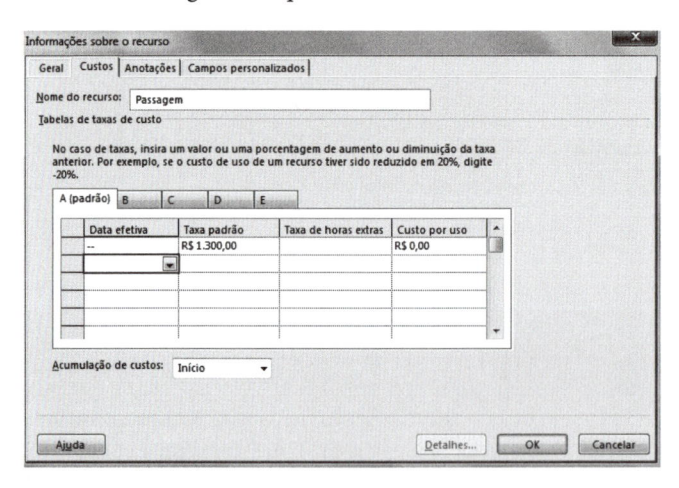

> Dentro da aba *Custos*, encontramos cinco abas: *A, B, C, D* e *E*. Cada uma tem 25 linhas, totalizando assim 125 linhas para registrar alterações de custo de cada recurso durante o projeto.

Inserir informações na aba Anotações

Caso seja necessário fazer alguma anotação no recurso, é possível usar a aba *Anotações*.

1. Clique duas vezes sobre o recurso *Gabriela* e acesse a aba *Anotações*. Adicione informações sobre a licença-maternidade e o aumento salarial no campo *Anotações*. Você também pode formatar a fonte, alinhar o texto à esquerda, centralizá-lo ou alinhá-lo à direita, incluir marcadores e inserir objetos (texto, imagem ou outro tipo de arquivo). Ao inserir arquivos dessa forma, o tamanho do objeto será somado ao tamanho do arquivo do Project. Por fim, clique em *OK*.

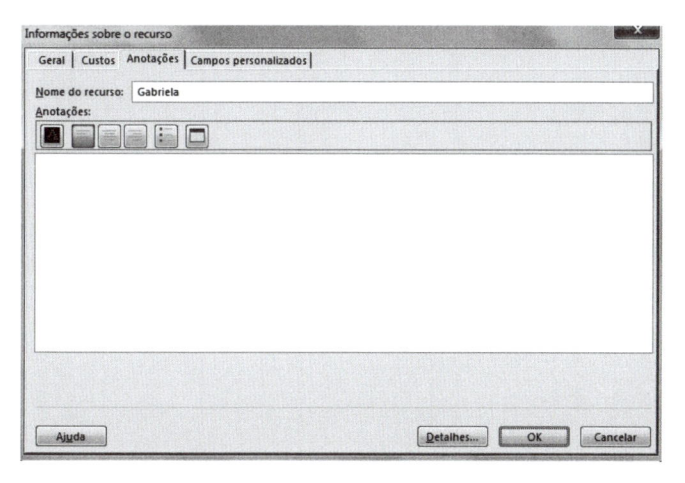

Após inserir as informações, a coluna *Id* do recurso mostra o ícone de *Anotações*.

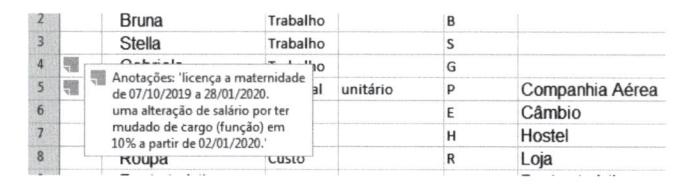

ATIVIDADE 2: ALOCAÇÃO DE RECURSOS

Para alocar os recursos nas tarefas pelo modo de visão *Gráfico de Gantt*, vá na guia *Recurso*, no grupo *Atribuições*, e clique na ferramenta *Atribuir Recursos*.

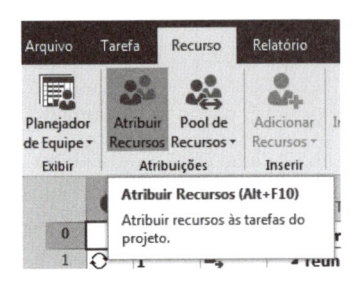

Será aberta a janela *Atribuir recursos*, onde é possível selecionar os recursos que serão alocados em cada tarefa, bem como o empenho (para recursos do tipo *Trabalho*), o valor (para recursos do tipo *Custo*) e a quantidade (para recursos do tipo *Material*).

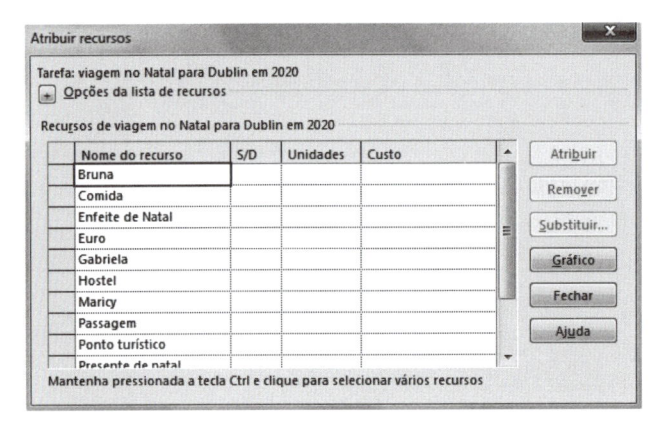

> Outra opção para atribuir recursos pelo *Gráfico de Gantt* é pela coluna *Nomes dos recursos*. Ao clicar na linha de uma tarefa nessa coluna, são exibidos todos os Recursos da *Planilha de Recursos*.

A COLUNA *TIPO DE TAREFA* AO ALOCAR RECURSOS DO TIPO *TRABALHO*

Antes de alocar os recursos nas tarefas, é preciso entender como funciona a coluna *Tipo* no *Gráfico de Gantt*, que é muito importante quando se quer alocar mais de um recurso *Trabalho* na mesma tarefa.

Lembre-se de que o Project entende o recurso *Trabalho* utilizando três variáveis: *Duração* x *Unidades* = *Trabalho*, resultando nos três cenários que vimos no capítulo anterior.

Tipo de tarefa	Controlada pelo empenho (esforço)	Campo alterado
Unidades fixas	Sim	Duração
Unidades fixas	Não	Trabalho
Duração fixa	Sim	Unidade
Duração fixa	Não	Trabalho
Trabalho fixo	Sim	Duração

1. Para mostrar como essas variáveis se comportam nos três cenários, crie um novo projeto chamado *Tipo*. Adicione na *Planilha de Recursos* o recurso X (do tipo *Trabalho*, com *Taxa padrão* de R$ 20,00/h) e o recurso Y (do tipo *Trabalho*, com *Taxa padrão* de R$ 10,00/h).

2. No *Gráfico de Gantt*, acrescente a *tarefa 1* agendada automaticamente e com dois dias de duração. Inclua as colunas *Tipo*, *Trabalho*, *Controlada pelo Esforço* e salve o projeto.

3. Na guia *Recurso*, no grupo *Atribuições*, clique na ferramenta *Atribuir Recursos*. Será aberta a janela *Atribuir recursos*.

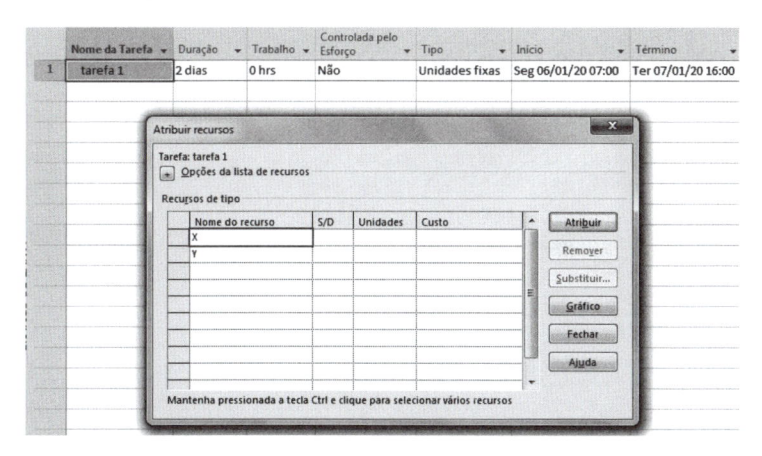

Ao alocar um recurso de cada vez, o Project pergunta pelo SmarTag qual dos três cenários deve ser escolhido:

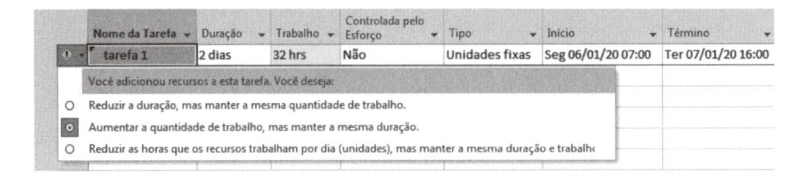

Os três cenários explicados anteriormente aparecem no menu suspenso. Ao escolher o segundo cenário (que vem selecionado por padrão), o Project entende o que deve ser feito com as três variáveis e mostra o impacto no campo *Trabalho*.

Tipo de tarefa	Controlada pelo empenho (esforço)	Campo alterado
Unidades fixas	Não	Trabalho

Ao alocar um recurso de cada vez, o Project pergunta pelo SmarTag qual dos três cenários deve ser escolhido:

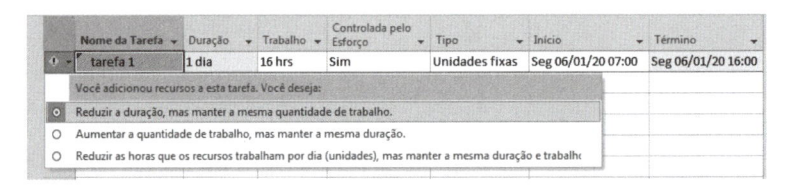

Os três cenários explicados anteriormente aparecem no menu suspenso. Ao escolher o primeiro cenário, o Project entende o que deve ser feito com as três variáveis e mostra o impacto no campo *Duração*.

Tipo de tarefa	Controlada pelo empenho (esforço)	Campo alterado
Unidades fixas	Sim	Duração

Ao alocar um recurso de cada vez, o Project pergunta pelo SmarTag qual dos três cenários deve ser escolhido:

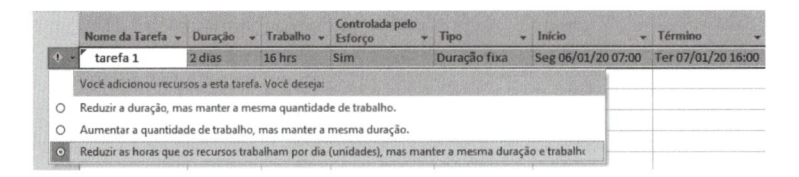

Os três cenários explicados anteriormente aparecem no menu suspenso. Ao escolher o terceiro cenário, o Project entende o que deve ser feito com as três variáveis e mostra o impacto no campo *Empenho (Unidade)*.

Tipo de tarefa	Controlada pelo empenho (esforço)	Campo alterado
Duração fixa	Sim	Unidade

Ao alocar um recurso de cada vez, o Project pergunta pelo SmarTag qual dos três cenários deve ser escolhido:

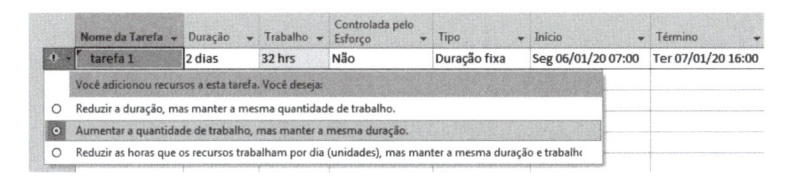

	Nome da Tarefa	Duração	Trabalho	Controlada pelo Esforço	Tipo	Início	Término
	tarefa 1	2 dias	32 hrs	Não	Duração fixa	Seg 06/01/20 07:00	Ter 07/01/20 16:00
	Você adicionou recursos a esta tarefa. Você deseja:						
O	Reduzir a duração, mas manter a mesma quantidade de trabalho.						
⊙	Aumentar a quantidade de trabalho, mas manter a mesma duração.						
O	Reduzir as horas que os recursos trabalham por dia (unidades), mas manter a mesma duração e trabalho						

Os três cenários explicados anteriormente aparecem no menu suspenso. Ao escolher o segundo cenário, o Project entende o que deve ser feito com as três variáveis e mostra o impacto no campo *Trabalho*.

Tipo de tarefa	Controlada pelo empenho (esforço)	Campo alterado
Duração fixa	Não	Trabalho

Ao alocar um recurso de cada vez, o Project pergunta pelo SmarTag qual dos três cenários deve ser escolhido:

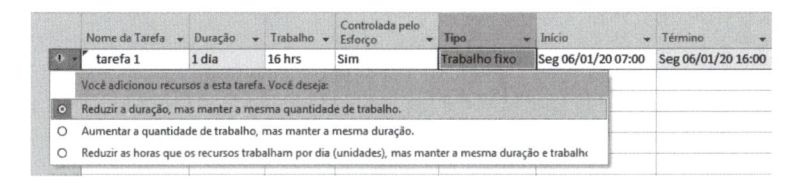

	Nome da Tarefa	Duração	Trabalho	Controlada pelo Esforço	Tipo	Início	Término
	tarefa 1	1 dia	16 hrs	Sim	Trabalho fixo	Seg 06/01/20 07:00	Seg 06/01/20 16:00
	Você adicionou recursos a esta tarefa. Você deseja:						
⊙	Reduzir a duração, mas manter a mesma quantidade de trabalho.						
O	Aumentar a quantidade de trabalho, mas manter a mesma duração.						
O	Reduzir as horas que os recursos trabalham por dia (unidades), mas manter a mesma duração e trabalho						

Os três cenários explicados anteriormente aparecem no menu suspenso. Ao escolher o primeiro cenário, o Project entende o que deve ser feito com as três variáveis e mostra o impacto no campo *Duração*.

Tipo de tarefa	Controlada pelo empenho (esforço)	Campo alterado
Trabalho fixo	Sim	Duração

4. Salve o projeto *Tipo* e feche o arquivo.

Alocar recursos nas tarefas

1. Abra novamente o projeto *Viagem no Natal para Dublin em 2020*. Para não alterar as durações informadas pelos recursos, utilizaremos as variáveis *Duração fixa* e *Não controlada pelo empenho*.

2. Insira a coluna *Trabalho* no *Gráfico de Gantt*.

3. Para alterar simultaneamente as informações de todas as tarefas, selecione qualquer coluna, vá na guia *Tarefa*, no grupo *Propriedades*, e clique na ferramenta *Informações*.

4. Será aberta a janela *Informações sobre tarefas múltiplas*. Na aba *Avançado*, no campo *Tipo de tarefa*, escolha *Duração fixa* e desmarque o campo *Controlada pelo empenho*. Clique em *OK*.

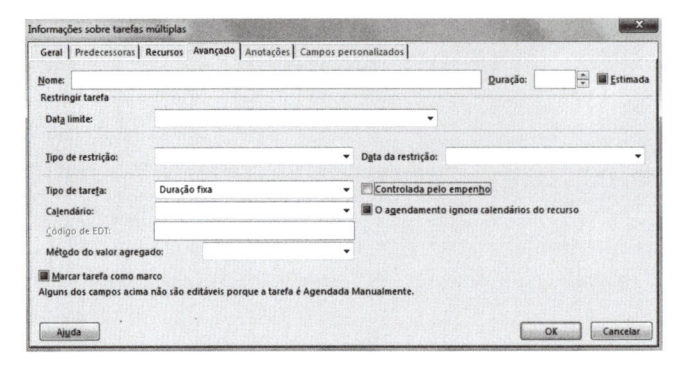

5. De volta ao *Gráfico de Gantt*, aloque os recursos conforme a tabela a seguir:

EDT	Nomes dos recursos
2.1	Bruna
2.2	Maricy
2.3	Stella
2.4	Maricy
2.5	Bruna;Gabriela;Maricy;Stella;Roupa[R$ 1.500,00]
3.1	Stella
3.2	Bruna;Gabriela;Maricy;Stella
3.3	Maricy;Passagem[4 unitário]
4.1	Bruna
4.2	Bruna;Gabriela;Maricy;Stella
4.3	Maricy;Hostel[R$ 5.000,00]
5.1	Bruna;Gabriela;Maricy;Presente de natal[R$ 5.000,00];Stella
5.2	Bruna;Refeição[R$ 780,00];Gabriela;Maricy;Stella
5.3	Bruna;Gabriela
5.4	Maricy;Stella

(cont.)

EDT	Nomes dos recursos
5.5	Bruna;Gabriela;Maricy;Stella
5.6	Bruna;Gabriela;Maricy;Stella
6.1	Bruna
6.2	Ponto turístico[R$ 2.300,00]
7.1	Bruna;Gabriela;Maricy;Stella
7.2	Bruna;Gabriela;Maricy;Stella

ATIVIDADE 3: RESOLVER A SUPERALOCAÇÃO DE RECURSOS DO TIPO *TRABALHO*

Depois de alocar os recursos na atividade anterior, a quantidade de *Trabalho* que aparece no *Id0* deve ser de *930 horas*. Na coluna *Indicadores*, você verá alguns ícones de um boneco vermelho, indicando que nessas tarefas há recursos superalocados, ou seja, que trabalham além do período útil.

12	♦	2.4		Comprar euro	Maricy
13	♦	2.5		Preparar a bagagem	Bruna ;Gabriela ;
14		3		▲ Voo de ida e de volta	
15	♦	3.1		Verificar sites das companhias aéreas	Stella
16		3.2		Escolher os dias de ida e volta	Bruna ;Gabriela ;
17		3.3		Comprar as passagens	Maricy ;Passage
18		4		▲ Hospedagem	
19	♦	4.1		Pesquisar hostel	Bruna
20	♦	4.2		Escolher hostel	Bruna ;Gabriela ;
21		4.3		Pagar a permanência no hostel	Maricy ;Hostel [
22		5		▲ Festa de Natal	
23	♦	5.1		Comprar presentes	Bruna ;Gabriela ;
24		5.2		Comprar os ingredientes para a ceia de Natal	Bruna ;Gabriela ;
25		5.3		Preparar a comida para ceia	Bruna ;Gabriela
26		5.4		Preparar a decoração de natal	Maricy ;Stella
27	🗓 ♦	5.5		Festejar	Bruna ;Gabriela ;
28		5.6		Limpar o local após a ceia	Bruna ;Gabriela ;
29		6		▲ Pontos turísticos em Dublin	
30	♦	6.1		Procurar pontos turísticos em Dublin	Bruna
31		6.2		Verificar o valor de cada ponto turístico	Ponto turístico [
32		7		▲ Término	
33	🗓 ♦	7.1		Voltar para casa (vôo)	Bruna ;Gabriela ;

> Durante o planejamento e todo o ciclo do projeto, é imprescindível resolver a superalocação dos recursos do tipo *Trabalho*.

Há quatro modos de visão, acessados pela guia *Recurso* ou pela guia *Tarefa*, no grupo *Exibir*, onde é possível identificar os recursos *Trabalho* superalocados:

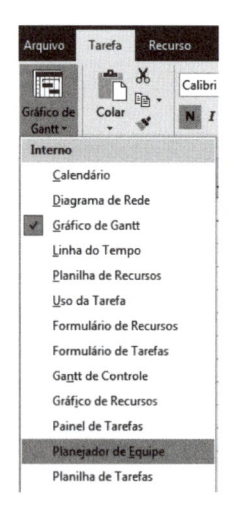

- Calendário
- Diagrama de Rede
- ✓ Gráfico de Gantt
- Linha do Tempo
- Planilha de Recursos
- Uso da Tarefa
- Formulário de Recursos
- Formulário de Tarefas
- Gantt de Controle
- Gráfico de Recursos
- Painel de Tarefas
- **Planejador de Equipe**
- Planilha de Tarefas

- *Planilha de Recursos*: este modo nos mostra quem são os recursos superalocados.

	ⓘ	Nome do recurso	Tipo	Unidade do Material	Iniciais	Grupo	Unid. máximas
1		Maricy	Trabalho		M		100%
2		Bruna	Trabalho		B		100%
3		Stella	Trabalho		S		100%
4		Gabriela	Trabalho		G		100%
5		Passagem	Material	unitário	P	Companhia Aérea	

- *Gráfico de Recursos*: neste modo de visão, à esquerda da tela aparece o nome do recurso, e à direita aparece um gráfico mostrando o empenho do recurso alocado nas tarefas por dia. A linha horizontal preta mostra o limite do empenho informado na *Planilha de Recursos*. A barra horizontal na parte inferior à esquerda, ao ser selecionada, mostra outro recurso.

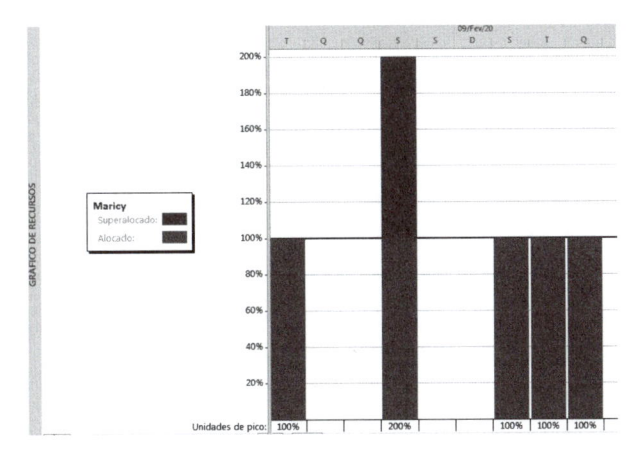

- *Planejador de Equipe*: no modo de visão *Planejador de Equipe*, a parte superior esquerda da tela mostra o nome dos recursos *Trabalho*, enquanto à direita aparecem as tarefas nas quais os recursos estão alocados. A parte inferior mostra as tarefas que não têm recursos alocados.

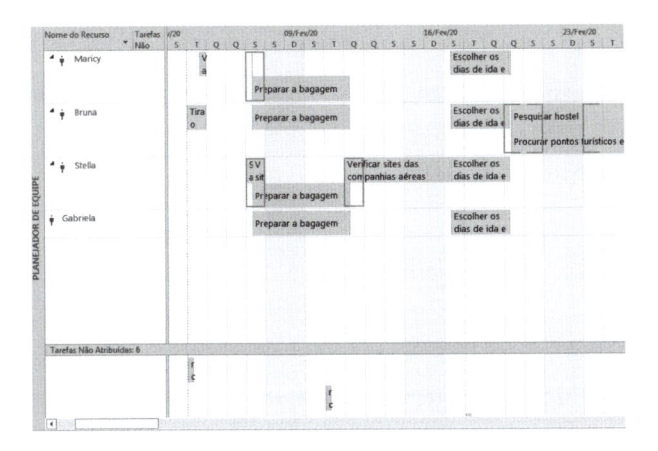

- *Uso dos Recursos*: neste modo de visão, à esquerda da tela aparece o nome dos recursos *Trabalho*, e à direita são exibidas as horas por dia dos recursos alocados nas tarefas. Também à direita, a linha cinza de cada recurso mostra a soma de horas trabalhadas a cada dia. As horas que aparecem em vermelho informam a superalocação dos recursos.

		Nome do recurso	Trabalh	Detalhe	S	T	Q	Q	S	S 08/Mar/20 D	S	T	Q	Q	S	S
		Fim da viagem	0 hrs	Trab.												
1		⊿ Maricy	187 hrs	Trab.	3h						3h	8h	8h	8h	8h	
		Verificar a data válida do	1 hr	Trab.												
		Comprar euro	1 hr	Trab.												
		Preparar a bagagem	24 hrs	Trab.												
		Escolher os dias de ida e v	24 hrs	Trab.												
		Comprar as passagens	1 hr	Trab.												
		Escolher hostel	2 hrs	Trab.	2h											
		Pagar a permanência no	1 hr	Trab.	1h											
		Comprar presentes	80 hrs	Trab.							3h	8h	8h	8h	8h	
		Comprar os ingredientes	16 hrs	Trab.												
		Preparar a decoração de	6 hrs	Trab.												
		Festejar	4 hrs	Trab.												
		Limpar o local após a cel	6 hrs	Trab.												
		Voltar para casa (vôo)	13 hrs	Trab.												
		Desfazer a bagagem	8 hrs	Trab.												
2		⊿ Bruna	348 hrs	Trab.	10h	8h	8h	8h			11h	16h	16h	10h	8h	
		Tirar o passaporte	8 hrs	Trab.												
		Preparar a bagagem	24 hrs	Trab.												
		Escolher os dias de ida e v	24 hrs	Trab.												
		Pesquisar hostel	40 hrs	Trab.												
		Escolher hostel	2 hrs	Trab.	2h											
		Comprar presentes	80 hrs	Trab.							3h	8h	8h	8h	8h	
		Comprar os ingredientes	16 hrs	Trab.												
		Preparar a comida para c	3 hrs	Trab.												

> Para resolver manualmente a superalocação, é possível substituir o recurso na própria tarefa em que está superalocado, escolhendo outro recurso que tenha a mesma habilidade e o mesmo conhecimento (isso pode ser feito pelo modo de visão *Gráfico de Gantt*). Também é possível fazer um split em uma das tarefas que estão na mesma data, ou alterar a data de início de uma tarefa não crítica, para que as tarefas sejam realizadas em datas diferentes.
>
> Outra opção é alterar o tipo de vínculo e a latência, ou alocar mais recursos do tipo *Trabalho* e diminuir o empenho do recurso superalocado (isso pode ser feito pelo modo de visão *Gráfico de Gantt*). Também é possível diminuir a quantidade de horas alocadas por dia do recurso superalocado (isso pode ser feito pelo modo de visão *Uso dos Recursos*).

1. No projeto *Viagem no Natal para Dublin em 2020*, no modo de visão *Gráfico de Gantt*, resolva manualmente a superalocação do recurso *Maricy*.
2. As tarefas nos *Ids 11 e 12* estão iniciando no mesmo dia. Para resolver a superalocação, altere o vínculo de *II* para *TI*, já que as duas tarefas não são críticas.

		EDT	Nome da Tarefa	Nomes dos recursos	Predecessoras
11		2.4	Comprar euro	Maricy	10
12		2.5	Preparar a bagagem	Bruna;Maricy;Gabriela;Stella;Roupa[R$ 1.500,00]	10

3. As tarefas nos *Ids 12 e 14* também estão iniciando no mesmo dia e não são críticas. Para resolver a superalocação, altere o vínculo de *II* para *TI*.

	ⓘ	EDT	Nome da Tarefa	Nomes dos recursos	Predecessoras
11		2.4	Comprar euro	Maricy	10
12	ⓘ	2.5	Preparar a bagagem	Bruna;Maricy;Gabriela;Stella;Roupa[R$ 1.500,00]	11
13		3	▲ Voo de ida e de volta		
14	ⓘ	3.1	Verificar sites das companhias aéreas	Stella	11II;12II

4. Nos *Ids 18, 19, 22* e *29*, a *Bruna* está alocada em períodos de tempo simultâneos nessas tarefas. Para resolver a superalocação, acrescente um vínculo entre o *Id29* e o *Id22*.

	ⓘ	EDT	Nome da Tarefa	Nomes dos recursos	Predecessoras
17		4	▲ Hospedagem		
18	ⓘ	4.1	Pesquisar hostel	Bruna	16
19	ⓘ	4.2	Escolher hostel	Bruna;Gabriela;Maricy;Stella	18TI+2 dias
20	ⓘ	4.3	Pagar a permanência no hostel	Maricy;Hostel[R$ 5.000,00]	19
21		5	▲ Festa de Natal		
22	ⓘ	5.1	Comprar presentes	Bruna;Gabriela;Maricy;Stella;Presente de Natal[R$ 5.000,00]	20TI+5 dias
23		5.2	Comprar os ingredientes para a ceia de Natal	Bruna;Gabriela;Maricy;Stella;Refeição[R$ 780,00]	26IT-3 dias
24		5.3	Preparar a comida para ceia	Bruna;Gabriela	26IT
25		5.4	Preparar a decoração de natal	Maricy;Stella	22
26	ⓘ	5.5	Festejar	Bruna;Gabriela;Maricy;Stella	22
27		5.6	Limpar o local após a ceia	Bruna;Gabriela;Maricy;Stella	26TI+1 dia
28		6	▲ Pontos turísticos em Dublin		
29	ⓘ	6.1	Procurar pontos turísticos em Dublin	Bruna	18II
30		6.2	Verificar o valor de cada ponto turístico	Pontos Turísticos[R$ 2.300,00]	29II+1 hr
31		7	▲ Término		
32	ⓘ	7.1	Voltar para casa (vôo)	Bruna;Gabriela;Maricy;Stella	27TI+10 dias;30
33		7.2	Desfazer a bagagem	Bruna;Gabriela;Maricy;Stella	32
34		8	Fim da viagem		33

5. Nos *Ids 26* e *32*, não é possível resolver a superalocação, pois as tarefas têm uma restrição com a data de início, respectivamente em *23/12/20* às *23:00 h* e em *17/01/21* às *7:00 h*, e as durações são em tempo decorrido.

	ⓘ	EDT	Nome da Tarefa	Predecessoras	Nomes dos recursos
12		2.5	Preparar a bagagem	11	Bruna;Maricy;Gabriela;Stella;Rou
13		3	▲ Voo de ida e de volta		
14		3.1	Verificar sites das companhias aéreas	11;12	Stella
15		3.2	Escolher os dias de ida e de volta	10;11;12;14	Bruna;Gabriela;Maricy;Stella
16	ⓘ	3.3	Comprar as passagens	15	Maricy;Passagem[4 unitário]
17		4	▲ Hospedagem		
18		4.1	Pesquisar hostel	16	Bruna
19		4.2	Escolher hostel	18TI+2 dias	Bruna;Gabriela;Maricy;Stella
20	ⓘ	4.3	Pagar a permanência no hostel	19	Maricy;Hostel[R$ 5.000,00]
21		5	▲ Festa de Natal		
22		5.1	Comprar presentes	20TI+5 dias	Bruna;Gabriela;Maricy;Stella;Pre
23		5.2	Comprar os ingredientes para a ceia de Natal	26IT-3 dias	Bruna;Gabriela;Maricy;Stella;Ref
24		5.3	Preparar a comida para ceia	26IT	Bruna;Gabriela
25		5.4	Preparar a decoração de natal	22	Maricy;Stella
26	ⓘ	5.5	Festejar	22	Bruna;Gabriela;Maricy;Stella
27		5.6	Limpar o local após a ceia	26TI+1 dia	Bruna;Gabriela;Maricy;Stella
28		6	▲ Pontos turísticos em Dublin		
29		6.1	Procurar pontos turísticos em Dublin	18II;22	Bruna
30		6.2	Verificar o valor de cada ponto turístico	29II+1 hr	Pontos Turísticos[R$ 2.300,00]
31		7	▲ Término		
32	ⓘ	7.1	Voltar para casa (vôo)	27TI+10 dias;30;2	Bruna;Gabriela;Maricy;Stella
33		7.2	Desfazer a bagagem	32	Bruna;Gabriela;Maricy;Stella
34		8	Fim da viagem	33	

Opções de Nivelamento

Outra maneira de resolver a superalocação é ir na guia *Recurso*, no grupo *Nível* e selecionar a ferramenta *Opções de Nivelamento*.

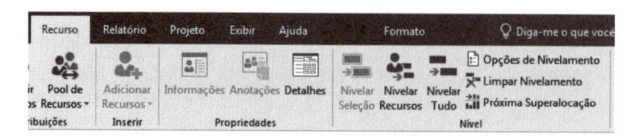

Será aberta a janela *Nivelamento de recursos*:

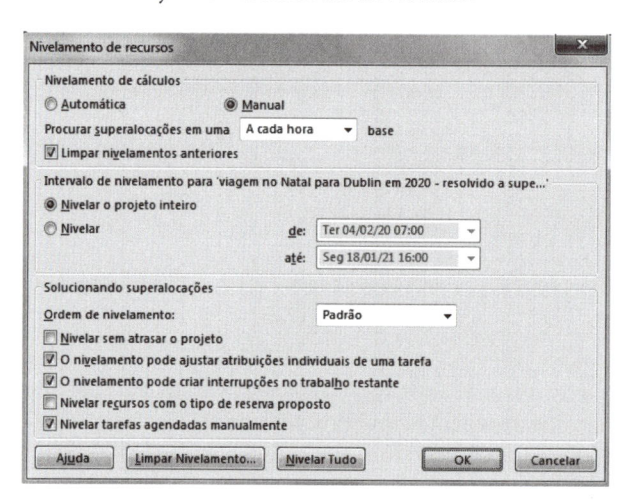

- *Nivelamento de cálculos*: por padrão, aparece marcado como *Manual*, permitindo resolver manualmente a superalocação e documentar a alteração. Caso queira selecionar *Automático*, o Project resolverá automaticamente a superalocação, mas as alterações podem passar despercebidas e não ser documentadas.

- *Intervalo de nivelamento para o projeto*: permite nivelar o projeto inteiro ou informar um período de tempo para resolver a superalocação. A alteração impacta as datas das tarefas sucessoras no período informado.

- *Ordem de nivelamento*: ao clicar no menu suspenso, são apresentadas três opções:

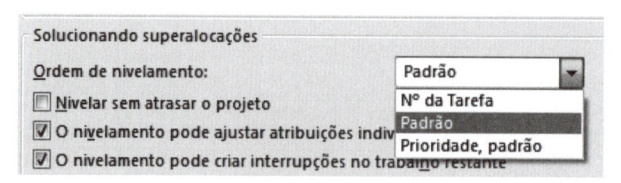

  - *Nº da Tarefa*: a superalocação será resolvida a partir do *Id1*, depois o *Id2*, e assim sucessivamente até o final;

- *Padrão*: a superalocação será resolvida por recurso por tarefa;
- *Prioridade, padrão*: a superalocação resolverá primeiro as tarefas que tenham o campo *Prioridade* com valores mais altos (o maior valor é *1000*) e depois as outras com valores menores.
- *Nivelar sem atrasar o projeto*: por padrão, esse campo não vem assinalado, significando que ao resolver a superalocação o projeto pode atrasar.
- *O nivelamento pode ajustar atribuições individuais de uma tarefa*: significa que o Project vai resolver individualmente a superalocação de recurso do tipo *Trabalho*.
- *O nivelamento pode criar interrupções no trabalho restante*: pode ser criado um split do trabalho não realizado da tarefa para resolver a superalocação.
- *Nivelar recursos com o tipo de reserva proposto*: caso haja na *Planilha de Recursos* algum recurso com a opção *Tipo de reserva* marcada como *Proposta*, será usado para resolver a superalocação.
- *Nivelar tarefas agendadas manualmente*: a superalocação também será realizada em tarefas agendadas manualmente.

1. No projeto *Viagem no Natal para Dublin em 2020*, usaremos essa ferramenta para resolver a superalocação. Deixe a configuração padrão e marque apenas o campo *Nivelar sem atrasar o projeto*, conforme a figura a seguir. Depois, clique em *Nivelar Tudo*.

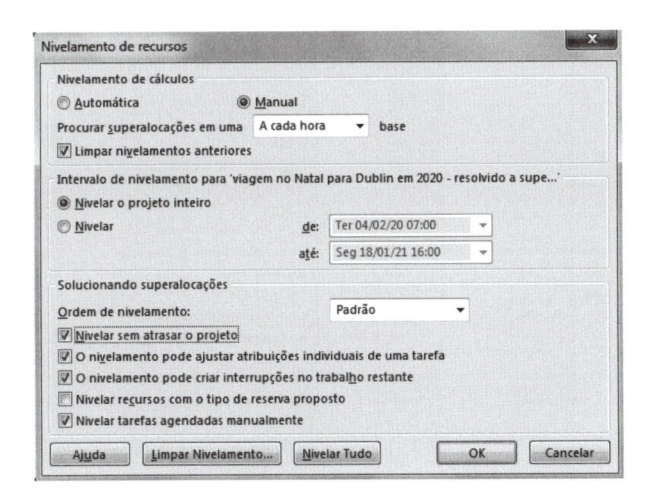

O Project ajusta a superalocação da melhor maneira possível, respeitando os vínculos e as restrições das tarefas.

Caso o Project não consiga resolver a superalocação, é aberta a janela *Microsoft Project*, informando o recurso e a data que não puderam ser resolvidos.

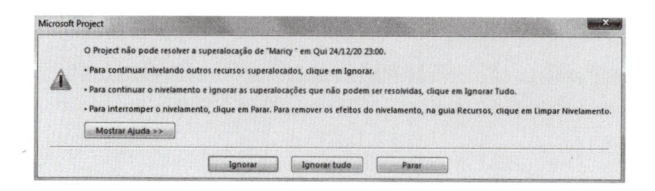

[Imagem: janela de diálogo do Microsoft Project informando que o Project não pode resolver a superalocação de "Maricy" em Qui 24/12/20 23:00, com opções Ignorar, Ignorar tudo e Parar.]

Essa janela mostra que a superalocação do recurso *Maricy* na tarefa do dia *24/12/20* (*Festejar*) não poderá ser resolvida automaticamente.

Agora, temos três opções:

- *Ignorar*: o Project não resolverá essa superalocação e prosseguirá para o próximo recurso.
- *Ignorar tudo*: o Project não resolverá todas as superalocações que não puderem ser resolvidas devido a restrições, vínculos, ou duração das atividades.
- *Parar*: interrompe o nivelamento de recursos.

2. Selecione *Ignorar tudo*. As células em azul mostram o impacto das alterações.

As únicas tarefas cuja superalocação não foi resolvida são aquelas com restrição e duração decorrida (*Ids 26 e 32*).

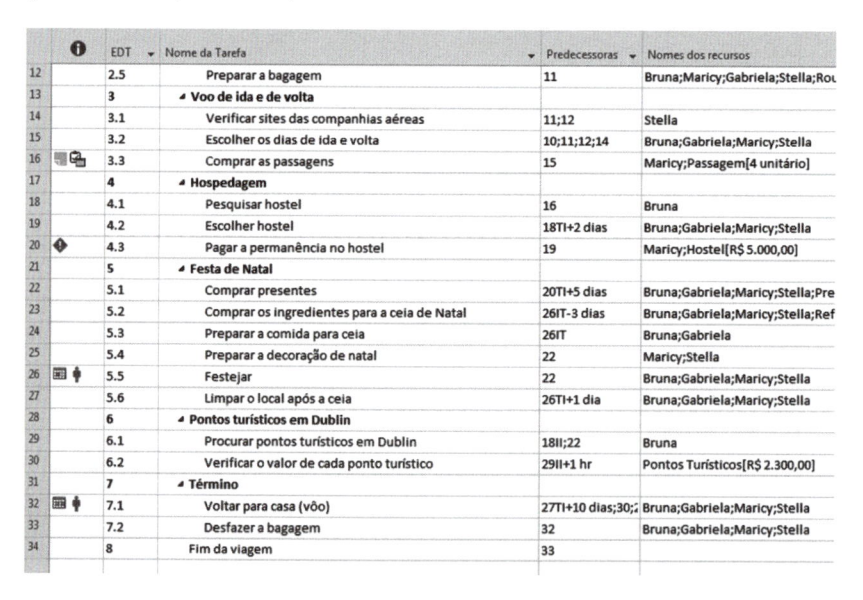

	❶	EDT	Nome da Tarefa	Predecessoras	Nomes dos recursos
12		2.5	Preparar a bagagem	11	Bruna;Maricy;Gabriela;Stella;Rou
13		3	▲ Voo de ida e de volta		
14		3.1	Verificar sites das companhias aéreas	11;12	Stella
15		3.2	Escolher os dias de ida e volta	10;11;12;14	Bruna;Gabriela;Maricy;Stella
16	🗓	3.3	Comprar as passagens	15	Maricy;Passagem[4 unitário]
17		4	▲ Hospedagem		
18		4.1	Pesquisar hostel	16	Bruna
19		4.2	Escolher hostel	18TI+2 dias	Bruna;Gabriela;Maricy;Stella
20	◆	4.3	Pagar a permanência no hostel	19	Maricy;Hostel[R$ 5.000,00]
21		5	▲ Festa de Natal		
22		5.1	Comprar presentes	20TI+5 dias	Bruna;Gabriela;Maricy;Stella;Pre
23		5.2	Comprar os ingredientes para a ceia de Natal	26IT-3 dias	Bruna;Gabriela;Maricy;Stella;Ref
24		5.3	Preparar a comida para ceia	26IT	Bruna;Gabriela
25		5.4	Preparar a decoração de natal	22	Maricy;Stella
26	🗓 ♦	5.5	Festejar	22	Bruna;Gabriela;Maricy;Stella
27		5.6	Limpar o local após a ceia	26TI+1 dia	Bruna;Gabriela;Maricy;Stella
28		6	▲ Pontos turísticos em Dublin		
29		6.1	Procurar pontos turísticos em Dublin	18II;22	Bruna
30		6.2	Verificar o valor de cada ponto turístico	29II+1 hr	Pontos Turísticos[R$ 2.300,00]
31		7	▲ Término		
32	🗓 ♦	7.1	Voltar para casa (vôo)	27TI+10 dias;30;2	Bruna;Gabriela;Maricy;Stella
33		7.2	Desfazer a bagagem	32	Bruna;Gabriela;Maricy;Stella
34		8	Fim da viagem	33	

Para verificar quais tarefas sofreram ajustes ao resolver a superalocação do recurso, vá na guia *Tarefa* (ou na guia *Recurso*), no grupo *Exibir*, e clique em *Mais modos de exibição*. Na janela que se abre, selecione o modo de visão *Gantt de Nivelamento* e clique em *Aplicar*.

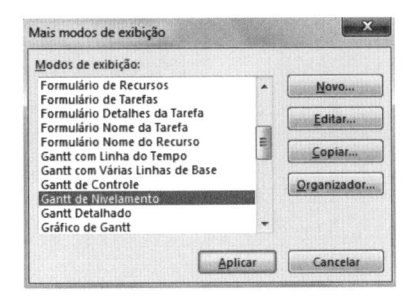

O modo de visão *Gantt de Nivelamento* mostra as tarefas que mudaram de data para que fosse resolvida a superalocação. Do lado esquerdo, no campo *Atraso do Nivelamento*, aparece o tempo em que a tarefa foi deslocada. Do lado direito, as barras marrons mostram a data das tarefas antes do nivelamento, e as barras azuis mostram as novas datas depois do nivelamento.

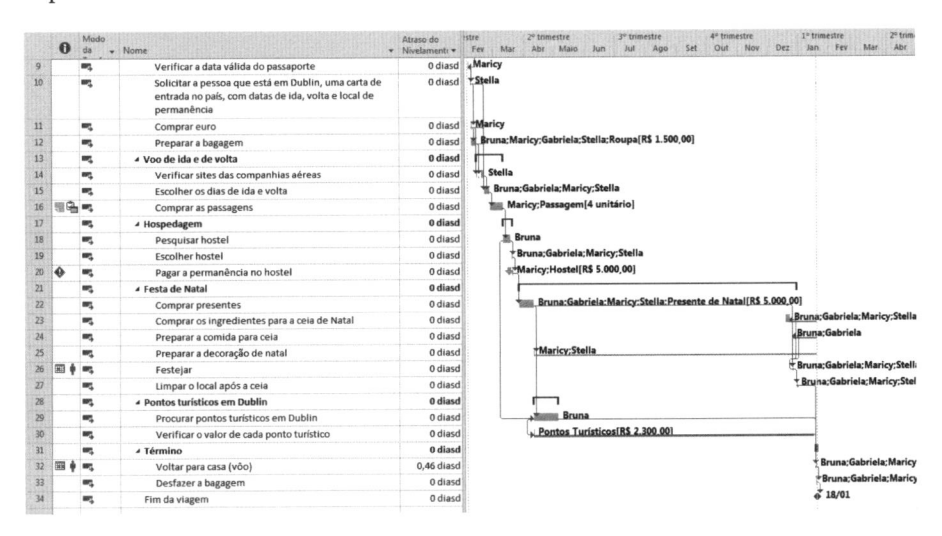

ANOTAÇÕES

5
Linha de base do projeto

OBJETIVOS

» Conhecer o modo de visão *Gantt de Controle*
» Inserir a linha de base do projeto
» Conhecer as 11 linhas de base
» Inserir a linha de base em novas tarefas
» Limpar a linha de base

ATIVIDADE 1: INSERIR A LINHA DE BASE

A linha de base representa o planejamento aprovado para o projeto. Nela constam informações sobre escopo, duração das tarefas, duração do projeto, datas de início e término das atividades, quantidade de trabalho dos recursos alocados nas atividades, custo fixo das atividades e custo dos recursos alocados nas atividades.

A linha de base é estática e não deve ser alterada ao longo do projeto, a menos que o sponsor ou algum stakeholder solicite uma mudança (que deve ser aprovada pelo sponsor).

O plano provisório é um conjunto de dados que salva apenas as datas de início e término das atividades e que serve para comparação com a linha de base, a fim de avaliar o progresso do projeto.

Modo de visão Gantt de Controle

Para visualizar a linha de base, o modo de visão *Gantt de Controle* é o mais apropriado.

1. Vá na guia *Tarefa* (ou na guia *Recurso*), no grupo *Exibir*, e selecione *Gantt de Controle*.

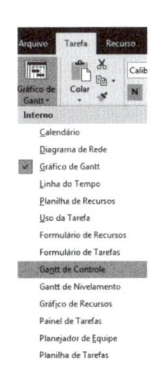

No modo de visão *Gantt de Controle*, as barras das tarefas do *Gráfico de Gantt* são mais finas, e do lado direito de cada barra aparece a porcentagem concluída da tarefa.

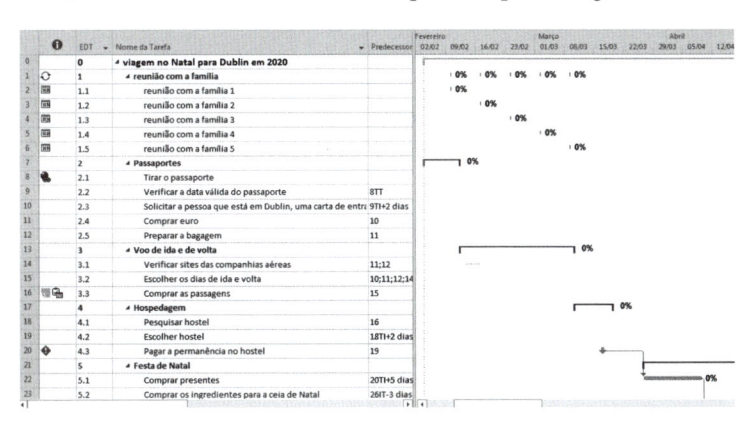

2. Para inserir a linha de base, vá na guia *Projeto*, no grupo *Cronograma*, clique na ferramenta *Definir Linha de Base* e escolha *Definir Linha de Base*.

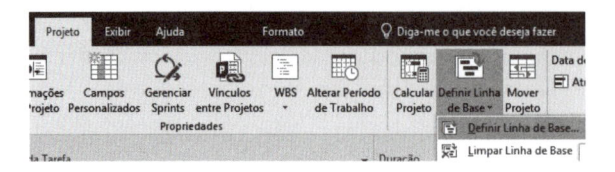

3. Na janela *Definir Linha de Base*, é possível definir até 11 linhas de base para o projeto. Marque a opção *Projeto inteiro*, já que é a primeira linha de base do projeto. Clique em *OK*.

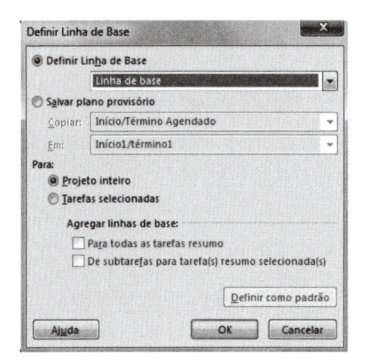

Ao inserir a linha de base no modo de visão *Gantt de Controle*, aparece uma linha cinza abaixo da barra de cada tarefa.

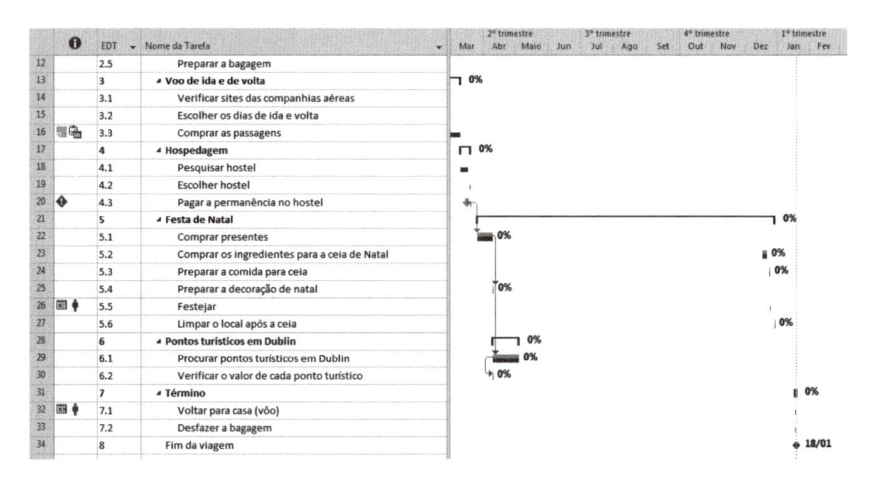

Após salvar a linha de base, ela será exibida na janela *Definir Linha de Base*.

As informações salvas na linha de base são mostradas nas tabelas *Trabalho* e *Custos*, tanto das tarefas quanto dos recursos.

4. Na guia *Exibir*, no grupo *Dados*, clique na ferramenta *Tabelas* e escolha a opção *Custos*. Será exibida a tabela com o custo das tarefas.

	Nome da Tarefa	Custo fixo	Acumulação de custo fixo	Custo total	Linha de Base	Variação	Real	Restante
0	▲ viagem no Natal para Dublin em 2020	R$ 0,00	Rateado	R$ 39.065,00	R$ 39.065,00	R$ 0,00	R$ 0,00	39.065,00
1	▷ reunião com a família	R$ 0,00	Rateado	R$ 0,00	R$ 0,00	R$ 0,00	R$ 0,00	R$ 0,00
7	▷ Passaportes	R$ 0,00	Rateado	R$ 3.688,00	R$ 3.688,00	R$ 0,00	R$ 0,00	t$ 3.688,00
13	▷ Voo de ida e de volta	R$ 0,00	Rateado	R$ 8.133,00	R$ 8.133,00	R$ 0,00	R$ 0,00	t$ 8.133,00
17	▷ Hospedagem	R$ 0,00	Rateado	R$ 5.984,00	R$ 5.984,00	R$ 0,00	R$ 0,00	t$ 5.984,00
21	▷ Festa de Natal	R$ 0,00	Rateado	R$ 14.838,00	R$ 14.838,00	R$ 0,00	R$ 0,00	14.838,00
28	▷ Pontos turísticos em Dublin	R$ 0,00	Rateado	R$ 4.700,00	R$ 4.700,00	R$ 0,00	R$ 0,00	t$ 4.700,00
31	▷ Término	R$ 0,00	Rateado	R$ 1.722,00	R$ 1.722,00	R$ 0,00	R$ 0,00	t$ 1.722,00
34	Fim da viagem	R$ 0,00	Rateado	R$ 0,00	R$ 0,00	R$ 0,00	R$ 0,00	R$ 0,00

5. Na guia *Exibir*, no grupo *Dados*, clique na ferramenta *Tabelas* e escolha a opção *Trabalho*. Será exibida a tabela com o trabalho das tarefas.

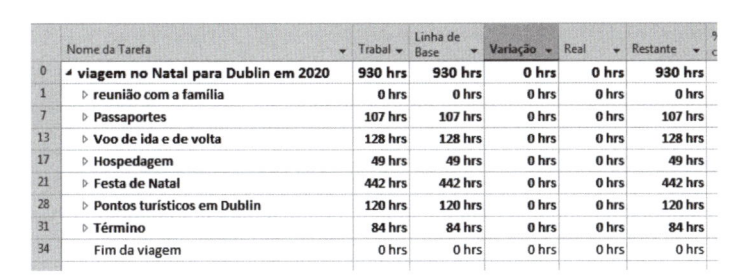

	Nome da Tarefa	Trabal	Linha de Base	Variação	Real	Restante
0	▲ viagem no Natal para Dublin em 2020	930 hrs	930 hrs	0 hrs	0 hrs	930 hrs
1	▷ reunião com a família	0 hrs	0 hrs	0 hrs	0 hrs	0 hrs
7	▷ Passaportes	107 hrs	107 hrs	0 hrs	0 hrs	107 hrs
13	▷ Voo de ida e de volta	128 hrs	128 hrs	0 hrs	0 hrs	128 hrs
17	▷ Hospedagem	49 hrs	49 hrs	0 hrs	0 hrs	49 hrs
21	▷ Festa de Natal	442 hrs	442 hrs	0 hrs	0 hrs	442 hrs
28	▷ Pontos turísticos em Dublin	120 hrs	120 hrs	0 hrs	0 hrs	120 hrs
31	▷ Término	84 hrs	84 hrs	0 hrs	0 hrs	84 hrs
34	Fim da viagem	0 hrs	0 hrs	0 hrs	0 hrs	0 hrs

6. Na guia *Exibir*, no grupo *Visão de Recurso*, clique em *Planilha de Recursos* para alterar a visualização de tarefas para recursos. Ainda na guia *Exibir*, no grupo *Dados*, clique na ferramenta *Tabelas* e escolha a opção *Custos*. Será exibida a tabela com o custo dos recursos.

	Nome do recurso	Custo	Custo da linha de base	Variação	Custo real	Restante	
1	Maricy	R$ 3.720,00	R$ 3.720,00	R$ 0,00	R$ 0,00	R$ 3.720,00	
2	Bruna	R$ 6.960,00	R$ 6.960,00	R$ 0,00	R$ 0,00	R$ 6.960,00	
3	Stella	R$ 4.320,00	R$ 4.320,00	R$ 0,00	R$ 0,00	R$ 4.320,00	
4	Gabriela	R$ 3.960,00	R$ 3.960,00	R$ 0,00	R$ 0,00	R$ 3.960,00	
5	Passagem	R$ 5.525,00	R$ 5.525,00	R$ 0,00	R$ 0,00	R$ 5.525,00	
6	Euro	R$ 0,00	R$ 0,00	R$ 0,00	R$ 0,00	R$ 0,00	
7	Hostel	R$ 5.000,00	R$ 5.000,00	R$ 0,00	R$ 0,00	R$ 5.000,00	
8	Roupa	R$ 1.500,00	R$ 1.500,00	R$ 0,00	R$ 0,00	R$ 1.500,00	
9	Pontos Turísticos	R$ 2.300,00	R$ 2.300,00	R$ 0,00	R$ 0,00	R$ 2.300,00	
10	Presente de Natal	R$ 5.000,00	R$ 5.000,00	R$ 0,00	R$ 0,00	R$ 5.000,00	
11	Refeição	R$ 780,00	R$ 780,00	R$ 0,00	R$ 0,00	R$ 780,00	
12	Enfeite de Natal	R$ 0,00	R$ 0,00	R$ 0,00	R$ 0,00	R$ 0,00	

7. Na guia *Exibir*, no grupo *Dados*, clique na ferramenta *Tabelas* e escolha a opção *Trabalho*. Será exibida a tabela com o trabalho dos recursos.

	Nome do recurso	% concl.	Trabalho	Hora extra	Linha de Base	Variação	Real	Restante
1	Maricy	0%	187 hrs	0 hrs	187 hrs	0 hrs	0 hrs	187 hrs
2	Bruna	0%	348 hrs	0 hrs	348 hrs	0 hrs	0 hrs	348 hrs
3	Stella	0%	216 hrs	0 hrs	216 hrs	0 hrs	0 hrs	216 hrs
4	Gabriela	0%	180 hrs	0 hrs	180 hrs	0 hrs	0 hrs	180 hrs
5	Passagem	0%	4 unitário	0 hrs	4 unitário	0 unitário	0 unitário	4 unitário
6	Euro	0%		0 hrs		0		
7	Hostel	0%		0 hrs		0		
8	Roupa	0%		0 hrs		0		
9	Ponto turístico	0%		0 hrs		0		
10	Presente de natal	0%		0 hrs		0		
11	Comida	0%		0 hrs		0		
12	Enfeite de Natal	0%		0 hrs		0		

As outras linhas de base podem ser utilizadas à medida que o projeto avança, ou caso o escopo ou as durações das atividades sejam alteradas. É importante salvar as linhas de base para manter o histórico das atualizações.

Novas tarefas na linha de base

Caso alguma tarefa seja incluída com a aprovação do sponsor, suas informações devem ser incluídas na mesma linha de base.

1. Insira uma nova tarefa no *Id23*, chamada *Levar frutas e comidas típicas que não há em Dublin*. Quem a executará é *Gabriela*, no prazo de *2 dias*. A predecessora é o *Id22*, com vínculo *TI*, e a sucessora é o *Id24*, com vínculo *TI*.

2. Selecione somente a nova tarefa e, na janela *Definir Linha de Base*, selecione a linha de base já gravada e acrescente as informações da tarefa e das tarefas resumo, conforme a figura a seguir:

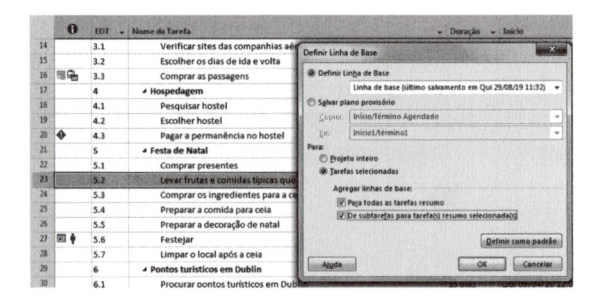

3. Clique em *OK*. As informações da tarefa selecionada, como a duração, as datas de início e término e o custo, serão adicionadas na mesma linha de base.
4. O Project pergunta se quer substituir os dados na linha de base. Clique em *Sim*.

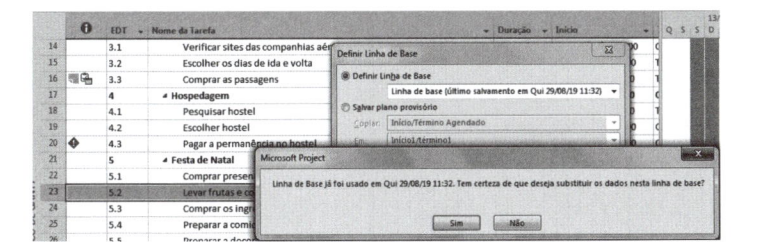

Para limpar a linha de base, vá na guia *Projeto*, no grupo *Cronograma*, clique na ferramenta *Definir Linha de Base* e depois em *Limpar Linha de Base*.

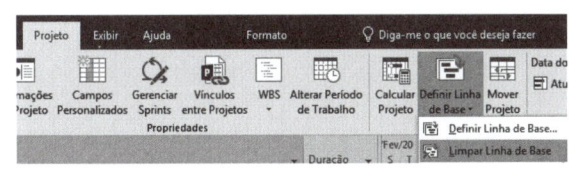

Na janela *Limpar linha de base*, selecione a linha de base a ser limpa e escolha se quer limpar o projeto todo ou apenas as tarefas selecionadas. Clique em *OK*.

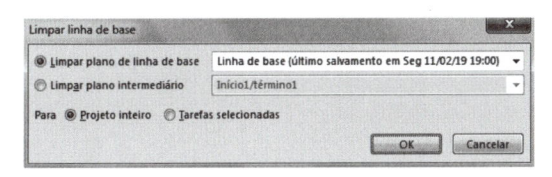

ANOTAÇÕES

6

Execução do projeto

OBJETIVOS

» Noções sobre a fase de execução do projeto

» Campo *Data de status*

» Formatar a data de status

» Inserir os dados reais das tarefas (atualizar tarefa)

» Atualizar o projeto

ATIVIDADE 1: CAMPO *DATA DE STATUS*

O campo *Data de status* tem como objetivo informar a data da atualização das tarefas. Se o projeto tem atualização semanal, o gerente de projetos precisa informar semanalmente a data da atualização.

1. Para informar a data de status do projeto, vá na guia *Projeto*, no grupo *Propriedades*, e clique na ferramenta *Informações do Projeto*.

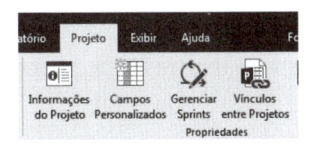

Na janela *Informações sobre o projeto*, há o campo *Data de status*. É necessário informar dia, mês, ano e hora da atualização das tarefas.

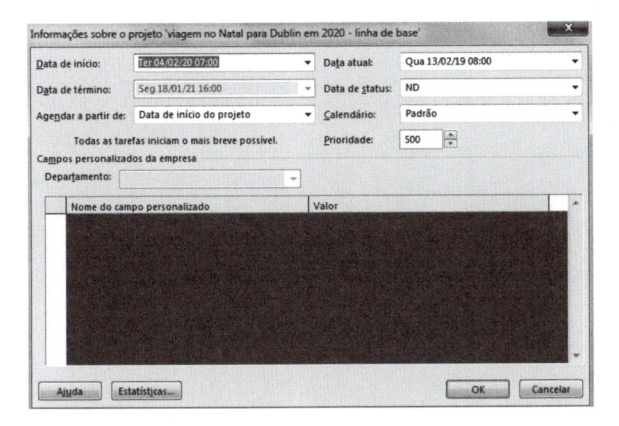

Também é possível acessar o campo *Data de status* na guia *Projeto*, no grupo *Status*, no botão *Data do Status*.

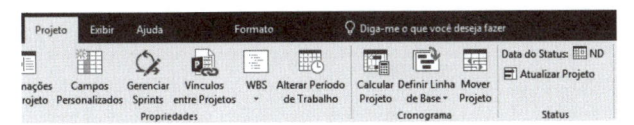

Na janela *Data de Status*, informe dia, mês, ano e hora da atualização das tarefas.

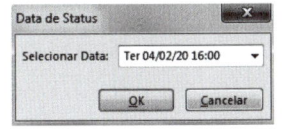

2. No projeto *Viagem no Natal para Dublin em 2020*, informe a data de status como *07/02/20* às *16:00 h*.

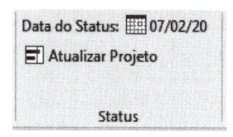

Para que a data de status apareça no *Gráfico de Gantt*, é necessário formatar a data.

3. Na guia *Formato*, no grupo *Formatar*, clique na ferramenta *Linhas de Grade* e selecione *Linhas de Grade*.

4. Na janela *Linhas de grade*, selecione a opção *Data de status* no campo *Alterar linha*.

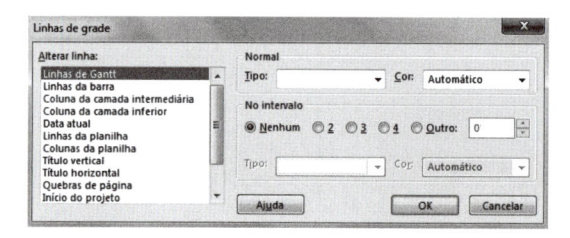

5. No campo *Tipo*, escolha um tipo de linha. No campo *Cor*, escolha uma cor escura (roxo, por exemplo). Clique em *OK*.

A linha da data de status aparecerá no *Gantt de Controle*.

	❶	EDT	Nome da Tarefa	Duração
0		0	⊿ viagem no Natal para Dublin em 2020	240 dias
1	⟳	1	⊿ reunião com a família	20,13 dias
2	📅	1.1	reunião com a família 1	1 hr
3	📅	1.2	reunião com a família 2	1 hr
4	📅	1.3	reunião com a família 3	1 hr
5	📅	1.4	reunião com a família 4	1 hr
6	📅	1.5	reunião com a família 5	1 hr
7		2	⊿ Passaportes	6,25 dias
8	✋	2.1	Tirar o passaporte	1 dia
9		2.2	Verificar a data válida do passaporte	1 hr
10		2.3	Solicitar a pessoa que está em Dublin, uma carta de entrada no país, com datas de ida, volta e local de permanência	1 hr
11		2.4	Comprar euro	1 hr
12		2.5	Preparar a bagagem	3 dias
13		3	⊿ Voo de ida e de volta	18,88 dias
14		3.1	Verificar sites das companhias aéreas	6 dias
15		3.2	Escolher os dias de ida e volta	3 dias

ATIVIDADE 2: DADOS REAIS DAS TAREFAS (ATUALIZAR TAREFA)

O modo de visão *Gantt de Controle* é o mais apropriado para atualizar as tarefas, permitindo ver a porcentagem da tarefa realizada até a data de status e comparar com as informações da linha de base. Para isso, as tarefas à esquerda da linha da data de status devem ser todas atualizadas.

1. Quando for possível mensurar a porcentagem da tarefa que já foi realizada, vá na guia *Tarefa*, no grupo *Cronograma*, e use a ferramenta de porcentagem.

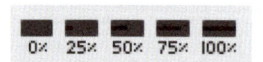

Por exemplo, no nosso projeto da viagem, se for necessário preparar duas malas, a barra de *50%* pode ser usada quando a primeira mala estiver pronta.

Quando não for possível mensurar o quanto da tarefa foi realizado, é necessário utilizar outra ferramenta.

2. Na guia *Tarefa*, no grupo *Cronograma*, clique na seta ao lado do botão *Atualizar como Agendado* e selecione *Atualizar Tarefas*.

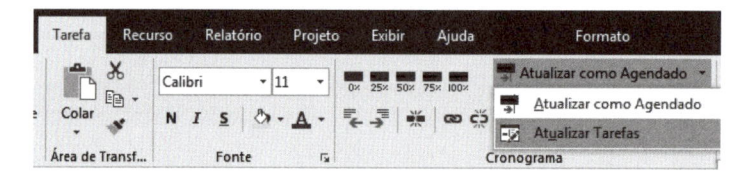

3. No projeto *Viagem no Natal para Dublin em 2020*, selecione a tarefa do *Id2* (*reunião com a família 1*) e, na janela *Atualizar tarefas*, no grupo *Real*, no campo *Início*, informe a data e a hora em que efetivamente a tarefa iniciou e terminou. Em seguida, clique em *OK*.

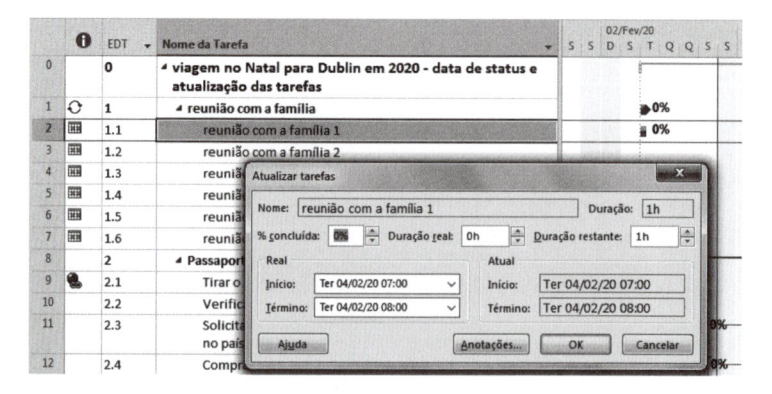

A tarefa aparece no *Gráfico de Gantt* como 100% concluída. Na coluna *Indicadores*, também aparece um ícone que a define como concluída.

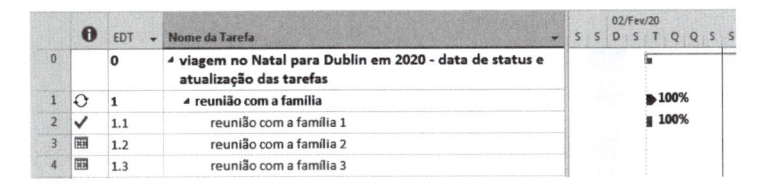

Outra tarefa que precisa ser atualizada é o *Id8* (*Tirar o passaporte*).

4. Selecione o *Id8* e abra novamente a janela *Atualizar tarefas*. Informe que a tarefa começou na mesma data e hora que o planejado. Porém, vamos imaginar que o recurso *Bruna* informou que precisará de mais *4 horas* para terminar a tarefa. Com esse cenário, informe a data de término como *05/02/20* às *11:00 h*. No botão *Anotações* informe o motivo de o recurso não ter concluído a tarefa conforme planejado. Clique em *OK*.

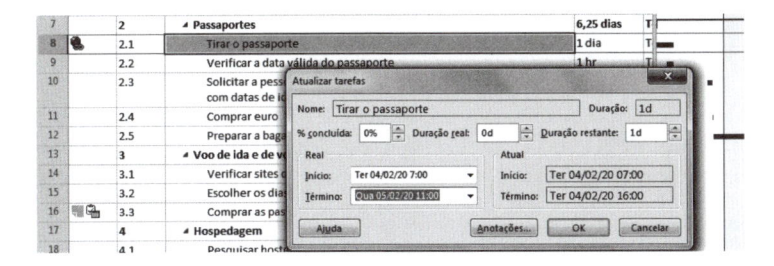

5. Como foi estabelecido que em todas as tarefas do projeto o campo *Tipo* teria *Duração fixa*, e como a duração da execução da tarefa é maior que o planejado, o Project informa que as horas de trabalho do recurso serão aumentadas de 8 horas para 12 horas. Clique em *OK*.

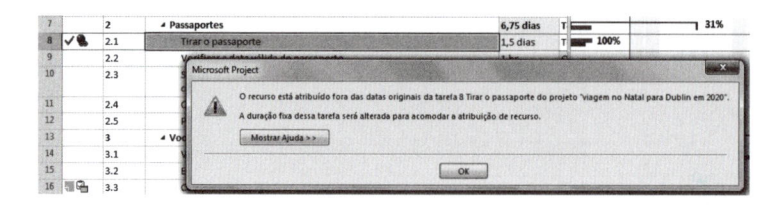

No modo de visão *Gantt de Controle*, o *Gráfico de Gantt* mostra que a tarefa está 100% concluída, e o campo *Indicadores* mostra que a tarefa terminou.

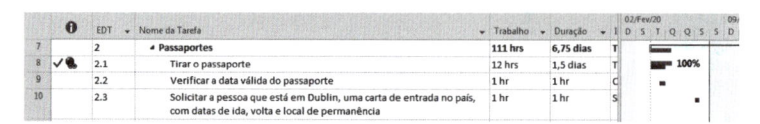

Como a tarefa foi concluída com uma duração maior que a planejada, as tarefas sucessoras são impactadas.

6. As próximas tarefas a serem atualizadas são o *Id9*, o *Id10* e o *Id11* (todas realizadas conforme planejadas). Selecione as três tarefas e, na guia *Tarefa*, no grupo *Cronograma*, clique na ferramenta *Atualizar como Agendado*. Essa ferramenta tem a mesma função que a ferramenta de atualização *100%*.

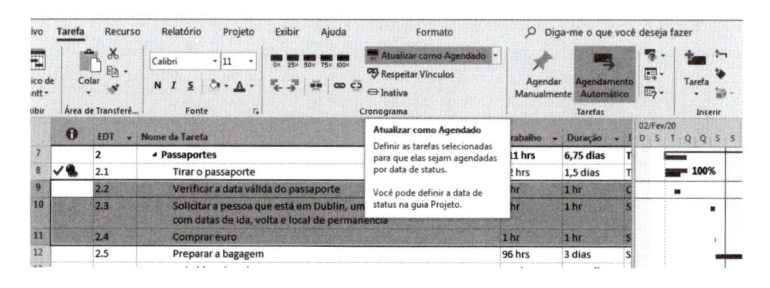

As tarefas aparecem como 100% concluídas no *Gráfico de Gantt*, e o campo *Indicadores* mostra que as tarefas foram terminadas.

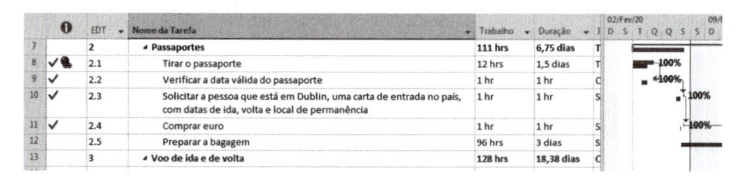

A próxima tarefa a ser atualizada é o *Id12*. Porém, foi verificado que ela não começou na sexta-feira dia *07/02/20* às *14:00 h*. Dessa forma, não é possível atualizá-la, pois começará depois da data de status.

7. Como não há mais nenhuma tarefa a ser atualizada até a data de status, agora é necessário atualizar o projeto. Antes, porém, salve-o.

Atualizar o projeto

Após ter atualizado todas as tarefas até a data de status, é necessário atualizar o projeto *Viagem no Natal para Dublin em 2020*. Como a tarefa do *Id12* ainda não foi atualizada, primeiro é necessário atualizar o projeto informando que essa tarefa começará depois da data de status.

1. Selecione a tarefa do *Id12*, vá na guia *Projeto*, no grupo *Status*, e clique na ferramenta *Atualizar Projeto*.

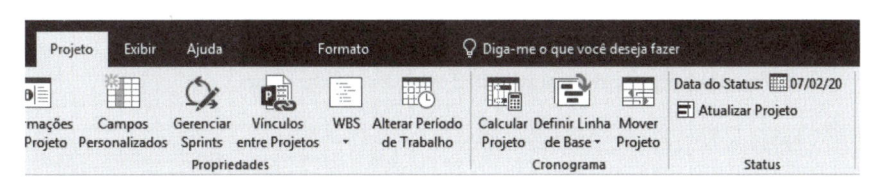

Será aberta a janela *Atualizar projeto*:

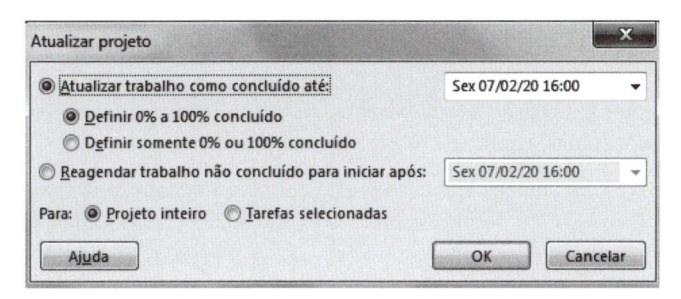

- *Atualizar trabalho como concluído até [data de status]*: serve para todas as tarefas, sendo que:
  - *Definir 0% a 100% concluído*: o Project vai atualizar as tarefas de acordo com sua execução;
  - *Definir somente 0% ou 100% concluído*: tarefas já iniciadas terão apenas 0%, e somente as tarefas concluídas receberão 100%.
- *Reagendar trabalho não concluído para iniciar após [data de status]*: para as tarefas que deveriam ter iniciado antes da data de status, mas que não começaram, ou que tiveram sua execução interrompida por algum motivo.
- *Para*: define se a atualização será feita no projeto inteiro ou apenas nas tarefas selecionadas.

2. Selecione a opção *Reagendar trabalho não concluído para iniciar após [data de status]*, marque a opção *Tarefas selecionadas* e clique em *OK*.

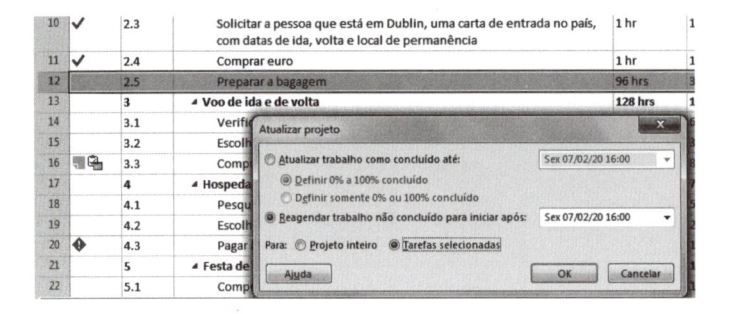

A tarefa foi deslocada para o próximo dia útil após a data de status.

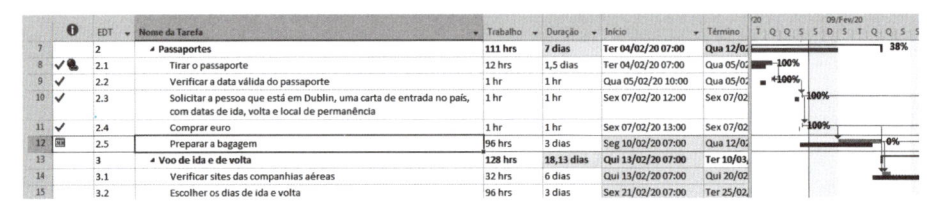

A tarefa do *Id12* ficou com uma restrição semiflexível do tipo *Não iniciar antes de*. As tarefas sucessoras foram impactadas, conforme mostram as células azuis.

A tarefa do *Id14*, *Verificar sites das companhias aéreas*, está configurada com split, mas, com as novas datas estimadas, o split é desnecessário. Na execução, é preciso juntar as partes da tarefa e remover o split.

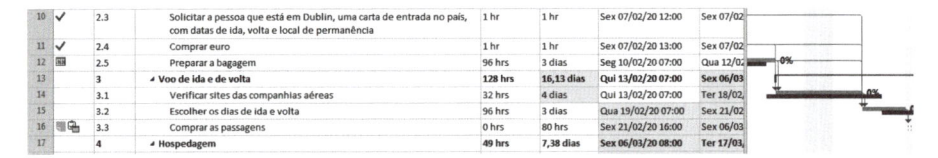

Após essas configurações, é preciso atualizar o projeto inteiro.

3. Não é preciso selecionar nenhuma tarefa para atualizar o projeto. Apenas vá na guia *Projeto*, no grupo *Status*, e clique na ferramenta *Atualizar Projeto*. Será aberta a janela *Atualizar projeto*.

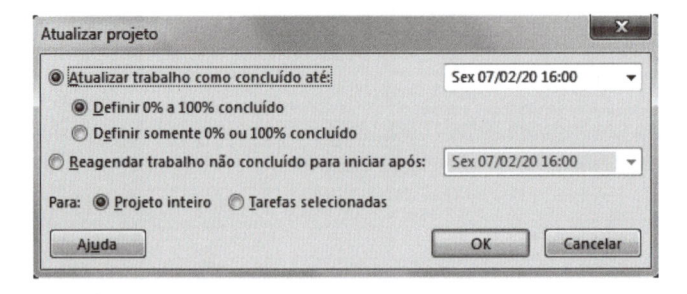

4. Marque a opção *Atualizar trabalho como concluído até [data de status]* e clique em *OK*. O Project vai definir de 0% a 100% concluído para todas as atividades antes da data de status.

O cronograma do projeto mostra as tarefas concluídas, e a tarefa *Preparar a bagagem* tem início estimado em *10/02/20* às *7:00 h*. Após a primeira semana da execução do projeto, o cronograma ficou com duração de *240 dias* e com data estimada de término para *18/01/21* às *16:00 h*.

5. Salve o projeto.

6. Para manter o histórico semanal, vá na guia *Arquivo* e clique em *Salvar como*. Salve o projeto com o mesmo nome, acrescido da data de status: *Viagem no Natal para Dublin em 2020 – 07-02-20*.

7. Feche esse arquivo recém-salvo e abra novamente o arquivo original do projeto *Viagem no Natal para Dublin em 2020*. Vamos continuar a atualização das próximas semanas.

8. Informe a data de status da semana seguinte como *14/02/20* às *16:00 h*.

Agora vamos atualizar as tarefas à esquerda da nova data de status.

9. Atualize o *Id12* (*Preparar a bagagem*) informando que iniciou em *10/02/20* às *7:00 h* e terminou em *13/02/20* às *16:00 h*.

10. Como a duração da tarefa aumentou, o Project questiona sobre a acomodação do recurso, pois foram acrescentadas horas de trabalho. Ou seja, com maior duração, há mais horas de trabalho e mais custos. Clique em *OK*.

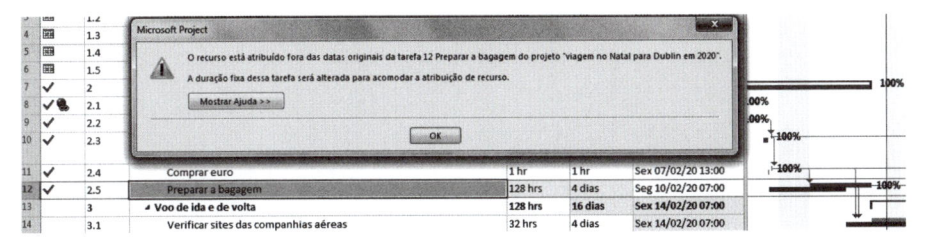

11. Salve o projeto.

Execução do projeto – 115

12. Para manter o histórico semanal, utilize o recurso *Salvar como* e salve uma cópia nomeada como *Viagem no Natal para Dublin em 2020 – 14-02-20*.

13. Feche a versão recém-salva e abra novamente o arquivo original do projeto *Viagem no Natal para Dublin em 2020*, para continuar a atualização das próximas semanas.

Após a atualização das tarefas e do projeto, Gabriela informou que convidou o marido para a viagem. Ele já tem passaporte, e o valor da taxa padrão será igual ao dos outros recursos: *R$ 20,00/h*.

14. Com essa alteração, inclua o marido da Gabriela como recurso do projeto e aloque-o nas tarefas *Festejar, Verificar o valor de cada ponto turístico* e *Voltar para casa (voo)*. As tarefas terão a mesma duração, mas aumentará a quantidade de trabalho em cada uma.

15. Atualize a mesma linha de base somente para essas tarefas. A quantidade de horas do projeto agora é de *1.002 horas*, com duração de *240 dias* e data de término em *18/01/21* às *16:00 h*.

16. Salve o projeto.

	❶	EDT	Nome da Tarefa	Trabalho	Duração	Início
0		0	⊿ viagem no Natal para Dublin em 2020	1.002 hrs	240 dias	Ter 04/02/20 07:00
1	⟳	1	⊿ reunião com a família	0 hrs	20,13 dias	Seg 10/02/20 07:00
2	✓	1.1	reunião com a família 1	0 hrs	1 hr	Seg 10/02/20 07:00
3	▦	1.2	reunião com a família 2	0 hrs	1 hr	Seg 17/02/20 07:00
4	▦	1.3	reunião com a família 3	0 hrs	1 hr	Seg 24/02/20 07:00

7
Monitoramento e controle do projeto

OBJETIVOS

» Introdução à fase de monitoramento e controle do projeto

» Conhecer as tabelas *Controle*, *Cronograma* e *Variação*

» Relatórios

» Comparar versões do projeto

» Imprimir o projeto

ATIVIDADE 1: TABELAS DE MONITORAMENTO E CONTROLE DO PROJETO

A fase de monitoramento e controle do projeto tem como objetivo coletar e medir informações, avaliá-las conforme a linha de base e informar aos envolvidos sobre o estado do projeto quanto ao prazo, escopo, custo, tendência, desempenho e qualidade, tanto nas tarefas como nas entregas, para que o objetivo do projeto seja alcançado.

Há três tabelas que vão auxiliar o gerente de projetos nessa etapa: *Controle*, *Cronograma* e *Variação*.

Tabela *Controle*

1. No projeto *Viagem no Natal para Dublin em 2020*, vá na guia *Exibir*, no grupo *Dados*, clique na ferramenta *Tabelas* e selecione *Controle*.

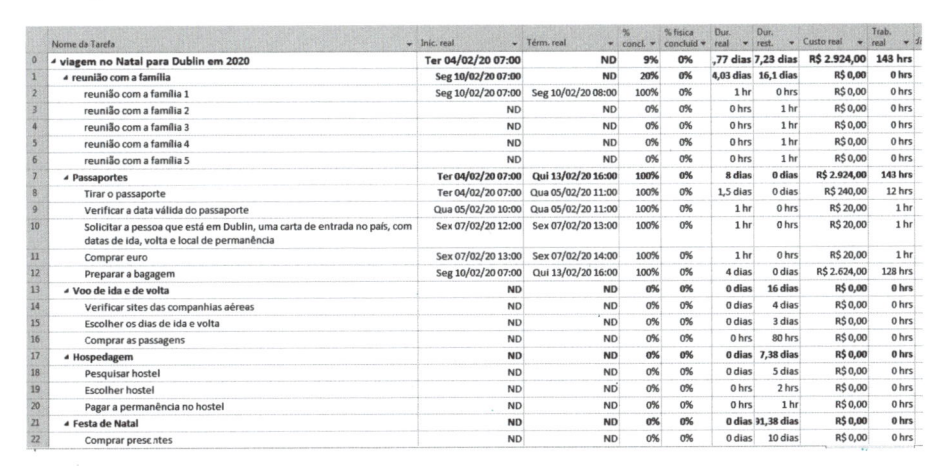

Nome da Tarefa	Iníc. real	Térm. real	% concl.	% física concluíd	Dur. real	Dur. rest.	Custo real	Trab. real
▲ viagem no Natal para Dublin em 2020	Ter 04/02/20 07:00	ND	9%	0%	,77 dias	7,23 dias	R$ 2.924,00	143 hrs
▲ reunião com a família	Seg 10/02/20 07:00	ND	20%	0%	4,03 dias	16,1 dias	R$ 0,00	0 hrs
reunião com a família 1	Seg 10/02/20 07:00	Seg 10/02/20 08:00	100%	0%	1 hr	0 hrs	R$ 0,00	0 hrs
reunião com a família 2	ND	ND	0%	0%	0 hrs	1 hr	R$ 0,00	0 hrs
reunião com a família 3	ND	ND	0%	0%	0 hrs	1 hr	R$ 0,00	0 hrs
reunião com a família 4	ND	ND	0%	0%	0 hrs	1 hr	R$ 0,00	0 hrs
reunião com a família 5	ND	ND	0%	0%	0 hrs	1 hr	R$ 0,00	0 hrs
▲ Passaportes	Ter 04/02/20 07:00	Qui 13/02/20 16:00	100%	0%	8 dias	0 dias	R$ 2.924,00	143 hrs
Tirar o passaporte	Ter 04/02/20 07:00	Qua 05/02/20 11:00	100%	0%	1,5 dias	0 dias	R$ 240,00	12 hrs
Verificar a data válida do passaporte	Qua 05/02/20 10:00	Qua 05/02/20 11:00	100%	0%	1 hr	0 hrs	R$ 20,00	1 hr
Solicitar a pessoa que está em Dublin, uma carta de entrada no país, com datas de ida, volta e local de permanência	Sex 07/02/20 12:00	Sex 07/02/20 13:00	100%	0%	1 hr	0 hrs	R$ 20,00	1 hr
Comprar euro	Sex 07/02/20 13:00	Sex 07/02/20 14:00	100%	0%	1 hr	0 hrs	R$ 20,00	1 hr
Preparar a bagagem	Seg 10/02/20 07:00	Qui 13/02/20 16:00	100%	0%	4 dias	0 dias	R$ 2.624,00	128 hrs
▲ Voo de ida e de volta	ND	ND	0%	0%	0 dias	16 dias	R$ 0,00	0 hrs
Verificar sites das companhias aéreas	ND	ND	0%	0%	0 dias	4 dias	R$ 0,00	0 hrs
Escolher os dias de ida e volta	ND	ND	0%	0%	0 dias	3 dias	R$ 0,00	0 hrs
Comprar as passagens	ND	ND	0%	0%	0 hrs	80 hrs	R$ 0,00	0 hrs
▲ Hospedagem	ND	ND	0%	0%	0 dias	7,38 dias	R$ 0,00	0 hrs
Pesquisar hostel	ND	ND	0%	0%	0 dias	5 dias	R$ 0,00	0 hrs
Escolher hostel	ND	ND	0%	0%	0 hrs	2 hrs	R$ 0,00	0 hrs
Pagar a permanência no hostel	ND	ND	0%	0%	0 hrs	1 hr	R$ 0,00	0 hrs
▲ Festa de Natal	ND	ND	0%	0%	0 dias	31,38 dias	R$ 0,00	0 hrs
Comprar presentes	ND	ND	0%	0%	0 dias	10 dias	R$ 0,00	0 hrs

Na tabela *Controle*, são exibidos os seguintes campos:

- *Nome da Tarefa*: mostra o nome de cada tarefa.
- *Início real*: mostra a data de início efetiva.
- *Término real*: mostra a data de término efetiva.
- *Porcentagem concluída*: mostra a porcentagem concluída das tarefas e das entregas atualizadas até a data de status.
- *Porcentagem física concluída*: esse campo é independente da duração da tarefa, sendo usado quando a porcentagem da execução física da tarefa for diferente da porcentagem de trabalho da tarefa.
- *Duração real*: mostra o período de tempo já utilizado da duração da tarefa e da entrega.

- *Duração restante*: mostra a quantidade de tempo que falta para terminar a tarefa e para a entrega.
- *Custo real*: mostra o quanto de dinheiro foi gasto na tarefa e na entrega.
- *Trabalho real*: mostra quantas horas de trabalho foram gastas na tarefa e na entrega.

Essa tabela ajuda o gerente de projetos a visualizar o quanto de cada tarefa e de cada entrega ainda falta, comparando a *Porcentagem concluída* com a *Porcentagem física concluída* que cada recurso informou na tarefa.

O gerente de projetos também deve dar atenção às tarefas atrasadas e tomar ações preventivas, ou ajustar as tarefas e entregas de acordo com o que foi aprovado pelo sponsor.

Tabela Cronograma

1. Na guia *Exibir*, no grupo *Dados*, clique na ferramenta *Tabelas* e selecione a opção *Cronograma*.

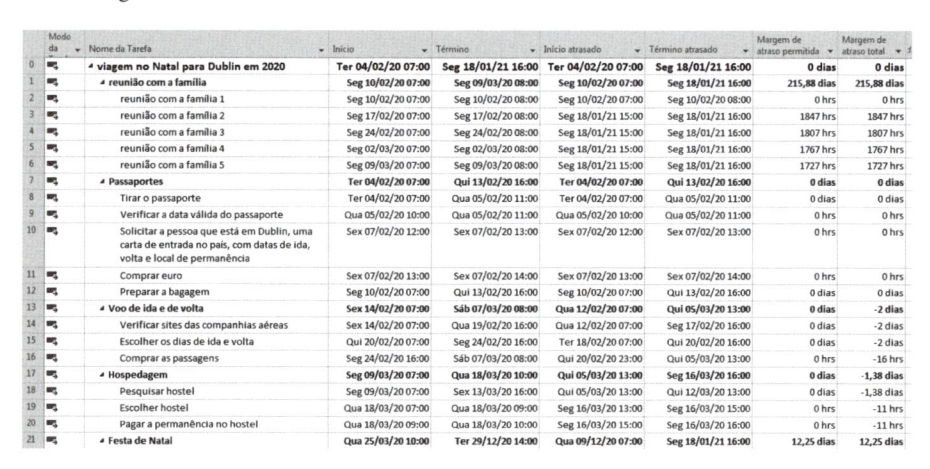

#	Modo da	Nome da Tarefa	Início	Término	Início atrasado	Término atrasado	Margem de atraso permitida	Margem de atraso total
0		▲ viagem no Natal para Dublin em 2020	Ter 04/02/20 07:00	Seg 18/01/21 16:00	Ter 04/02/20 07:00	Seg 18/01/21 16:00	0 dias	0 dias
1		▲ reunião com a família	Seg 10/02/20 07:00	Seg 09/03/20 08:00	Seg 10/02/20 07:00	Seg 18/01/21 16:00	215,88 dias	215,88 dias
2		reunião com a família 1	Seg 10/02/20 07:00	Seg 10/02/20 08:00	Seg 10/02/20 07:00	Seg 10/02/20 08:00	0 hrs	0 hrs
3		reunião com a família 2	Seg 17/02/20 07:00	Seg 17/02/20 08:00	Seg 18/01/21 15:00	Seg 18/01/21 16:00	1847 hrs	1847 hrs
4		reunião com a família 3	Seg 24/02/20 07:00	Seg 24/02/20 08:00	Seg 18/01/21 15:00	Seg 18/01/21 16:00	1807 hrs	1807 hrs
5		reunião com a família 4	Seg 02/03/20 07:00	Seg 02/03/20 08:00	Seg 18/01/21 15:00	Seg 18/01/21 16:00	1767 hrs	1767 hrs
6		reunião com a família 5	Seg 09/03/20 07:00	Seg 09/03/20 08:00	Seg 18/01/21 15:00	Seg 18/01/21 16:00	1727 hrs	1727 hrs
7		▲ Passaportes	Ter 04/02/20 07:00	Qui 13/02/20 16:00	Ter 04/02/20 07:00	Qui 13/02/20 16:00	0 dias	0 dias
8		Tirar o passaporte	Ter 04/02/20 07:00	Qua 05/02/20 11:00	Ter 04/02/20 07:00	Qua 05/02/20 11:00	0 dias	0 dias
9		Verificar a data válida do passaporte	Qua 05/02/20 10:00	Qua 05/02/20 11:00	Qua 05/02/20 10:00	Qua 05/02/20 11:00	0 hrs	0 hrs
10		Solicitar a pessoa que está em Dublin, uma carta de entrada no país, com datas de ida, volta e local de permanência	Sex 07/02/20 12:00	Sex 07/02/20 13:00	Sex 07/02/20 12:00	Sex 07/02/20 13:00	0 hrs	0 hrs
11		Comprar euro	Sex 07/02/20 13:00	Sex 07/02/20 14:00	Sex 07/02/20 13:00	Sex 07/02/20 14:00	0 hrs	0 hrs
12		Preparar a bagagem	Seg 10/02/20 07:00	Qui 13/02/20 16:00	Seg 10/02/20 07:00	Qui 13/02/20 16:00	0 dias	0 dias
13		▲ Voo de ida e de volta	Sex 14/02/20 07:00	Sáb 07/03/20 08:00	Qua 12/02/20 07:00	Qui 05/03/20 13:00	0 dias	-2 dias
14		Verificar sites das companhias aéreas	Sex 14/02/20 07:00	Qua 19/02/20 16:00	Qua 12/02/20 07:00	Seg 17/02/20 16:00	0 dias	-2 dias
15		Escolher os dias de ida e volta	Qui 20/02/20 07:00	Seg 24/02/20 16:00	Ter 18/02/20 07:00	Qui 20/02/20 16:00	0 dias	-2 dias
16		Comprar as passagens	Seg 24/02/20 16:00	Sáb 07/03/20 08:00	Qui 20/02/20 23:00	Qui 05/03/20 13:00	0 hrs	-16 hrs
17		▲ Hospedagem	Seg 09/03/20 07:00	Qua 18/03/20 10:00	Qui 05/03/20 13:00	Seg 16/03/20 13:00	0 dias	-1,38 dias
18		Pesquisar hostel	Seg 09/03/20 07:00	Sex 13/03/20 16:00	Qui 05/03/20 13:00	Qui 12/03/20 13:00	0 dias	-1,38 dias
19		Escolher hostel	Qua 18/03/20 07:00	Qua 18/03/20 09:00	Seg 16/03/20 13:00	Seg 16/03/20 15:00	0 hrs	-11 hrs
20		Pagar a permanência no hostel	Qua 18/03/20 09:00	Qua 18/03/20 10:00	Seg 16/03/20 15:00	Seg 16/03/20 16:00	0 hrs	-11 hrs
21		▲ Festa de Natal	Qua 25/03/20 10:00	Ter 29/12/20 14:00	Qua 09/12/20 07:00	Seg 18/01/21 16:00	12,25 dias	12,25 dias

A tabela *Cronograma* exibe os seguintes campos:

- *Nome da Tarefa*: mostra o nome de cada tarefa.
- *Início*: mostra a data de início planejada para cada tarefa.
- *Término*: mostra a data de término prevista para cada tarefa.
- *Início atrasado*: mostra a data de início mais tardia possível, de acordo com o vínculo com a sucessora.
- *Término atrasado*: mostra a data de término mais tarde possível, de acordo com o vínculo com a sucessora.
- *Margem de atraso permitida*: mostra o período de tempo que a tarefa pode atrasar sem impactar a tarefa sucessora.

- *Margem de atraso total*: mostra o período de tempo que a tarefa pode atrasar sem impactar o projeto.

Tabela Variação

1. Na guia *Exibir*, no grupo *Dados*, clique na ferramenta *Tabelas* e selecione *Variação*.

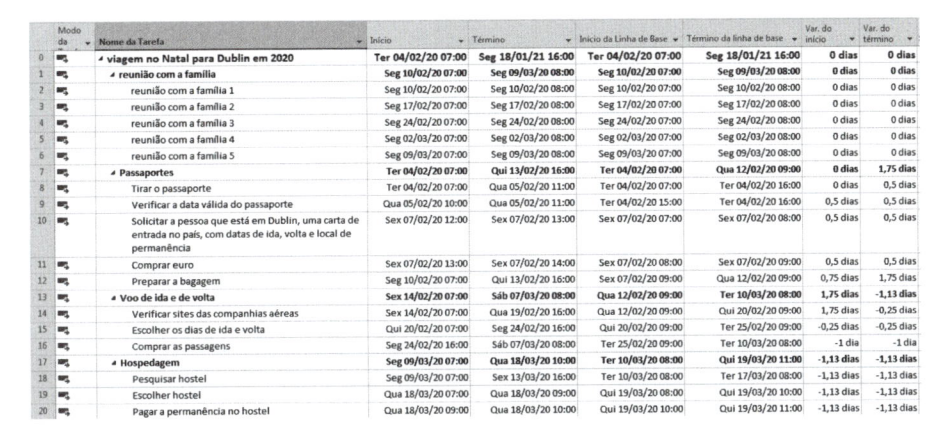

Modo da	Nome da Tarefa	Início	Término	Início da Linha de Base	Término da linha de base	Var. do início	Var. do término
0	▲ viagem no Natal para Dublin em 2020	Ter 04/02/20 07:00	Seg 18/01/21 16:00	Ter 04/02/20 07:00	Seg 18/01/21 16:00	0 dias	0 dias
1	▲ reunião com a família	Seg 10/02/20 07:00	Seg 09/03/20 08:00	Seg 10/02/20 07:00	Seg 09/03/20 08:00	0 dias	0 dias
2	reunião com a família 1	Seg 10/02/20 07:00	Seg 10/02/20 08:00	Seg 10/02/20 07:00	Seg 10/02/20 08:00	0 dias	0 dias
3	reunião com a família 2	Seg 17/02/20 07:00	Seg 17/02/20 08:00	Seg 17/02/20 07:00	Seg 17/02/20 08:00	0 dias	0 dias
4	reunião com a família 3	Seg 24/02/20 07:00	Seg 24/02/20 08:00	Seg 24/02/20 07:00	Seg 24/02/20 08:00	0 dias	0 dias
5	reunião com a família 4	Seg 02/03/20 07:00	Seg 02/03/20 08:00	Seg 02/03/20 07:00	Seg 02/03/20 08:00	0 dias	0 dias
6	reunião com a família 5	Seg 09/03/20 07:00	Seg 09/03/20 08:00	Seg 09/03/20 07:00	Seg 09/03/20 08:00	0 dias	0 dias
7	▲ Passaportes	Ter 04/02/20 07:00	Qui 13/02/20 16:00	Ter 04/02/20 07:00	Qua 12/02/20 09:00	0 dias	1,75 dias
8	Tirar o passaporte	Ter 04/02/20 07:00	Qua 05/02/20 11:00	Ter 04/02/20 07:00	Ter 04/02/20 16:00	0 dias	0,5 dias
9	Verificar a data válida do passaporte	Qua 05/02/20 10:00	Qua 05/02/20 11:00	Ter 04/02/20 15:00	Ter 04/02/20 16:00	0,5 dias	0,5 dias
10	Solicitar a pessoa que está em Dublin, uma carta de entrada no país, com datas de ida, volta e local de permanência	Sex 07/02/20 12:00	Sex 07/02/20 13:00	Sex 07/02/20 07:00	Sex 07/02/20 08:00	0,5 dias	0,5 dias
11	Comprar euro	Sex 07/02/20 13:00	Sex 07/02/20 14:00	Sex 07/02/20 08:00	Sex 07/02/20 09:00	0,5 dias	0,5 dias
12	Preparar a bagagem	Seg 10/02/20 07:00	Qui 13/02/20 16:00	Sex 07/02/20 09:00	Qua 12/02/20 09:00	0,75 dias	1,75 dias
13	▲ Voo de ida e de volta	Sex 14/02/20 07:00	Sáb 07/03/20 08:00	Qua 12/02/20 09:00	Ter 10/03/20 08:00	1,75 dias	-1,13 dias
14	Verificar sites das companhias aéreas	Sex 14/02/20 07:00	Qua 19/02/20 16:00	Qua 12/02/20 09:00	Qui 20/02/20 09:00	1,75 dias	-0,25 dias
15	Escolher os dias de ida e volta	Qui 20/02/20 07:00	Seg 24/02/20 16:00	Qui 20/02/20 09:00	Ter 25/02/20 09:00	-0,25 dias	-0,25 dias
16	Comprar as passagens	Seg 24/02/20 16:00	Sáb 07/03/20 08:00	Ter 25/02/20 09:00	Ter 10/03/20 09:00	-1 dia	-1 dia
17	▲ Hospedagem	Seg 09/03/20 07:00	Qua 18/03/20 10:00	Ter 10/03/20 08:00	Qui 19/03/20 11:00	-1,13 dias	-1,13 dias
18	Pesquisar hostel	Seg 09/03/20 07:00	Sex 13/03/20 16:00	Ter 10/03/20 08:00	Ter 17/03/20 08:00	-1,13 dias	-1,13 dias
19	Escolher hostel	Qua 18/03/20 07:00	Qua 18/03/20 09:00	Qui 19/03/20 08:00	Qui 19/03/20 10:00	-1,13 dias	-1,13 dias
20	Pagar a permanência no hostel	Qua 18/03/20 09:00	Qua 18/03/20 10:00	Qui 19/03/20 10:00	Qui 19/03/20 11:00	-1,13 dias	-1,13 dias

A tabela *Variação* exibe os seguintes campos:

- *Nome da Tarefa*: mostra o nome de cada tarefa.
- *Início*: mostra a data de início planejada para cada tarefa.
- *Término*: mostra a data de término prevista para cada tarefa.
- *Início da Linha de Base*: mostra a data de início planejada para cada tarefa, de acordo com a linha de base salva.
- *Término da Linha de Base*: mostra a data de término planejada para cada tarefa, de acordo com a linha de base salva.
- *Variação do início*: mostra a diferença (em dias) entre a data de início real e a data de início da linha de base.
- *Variação do término*: mostra a diferença (em dias) entre a data de término real e a data de término da linha de base.

Outras tabelas

Além dessas tabelas, o gerente de projetos precisa analisar as tabelas *Custo* e *Trabalho*.

1. Para acessar a tabela *Custo* do projeto *Viagem no Natal para Dublin em 2020*, vá na guia *Exibir*, no grupo *Dados*, clique na ferramenta *Tabelas* e selecione *Custo*:

	Nome da Tarefa	Custo fixo	Acumulação de custo fixo	Custo total	Linha de Base	Variação	Real	Restante
0	▲ viagem no Natal para Dublin em 2020	R$ 0,00	Rateado	R$ 40.488,00	R$ 39.757,00	R$ 731,00	R$ 2.924,00	R$ 37.564,00
1	▲ reunião com a família	R$ 0,00	Rateado	R$ 0,00	R$ 0,00	R$ 0,00	R$ 0,00	R$ 0,00
2	reunião com a família 1	R$ 0,00	Rateado	R$ 0,00	R$ 0,00	R$ 0,00	R$ 0,00	R$ 0,00
3	reunião com a família 2	R$ 0,00	Rateado	R$ 0,00	R$ 0,00	R$ 0,00	R$ 0,00	R$ 0,00
4	reunião com a família 3	R$ 0,00	Rateado	R$ 0,00	R$ 0,00	R$ 0,00	R$ 0,00	R$ 0,00
5	reunião com a família 4	R$ 0,00	Rateado	R$ 0,00	R$ 0,00	R$ 0,00	R$ 0,00	R$ 0,00
6	reunião com a família 5	R$ 0,00	Rateado	R$ 0,00	R$ 0,00	R$ 0,00	R$ 0,00	R$ 0,00
7	▲ Passaportes	R$ 0,00	Rateado	R$ 4.424,00	R$ 3.688,00	R$ 736,00	R$ 2.924,00	R$ 1.500,00
8	Tirar o passaporte	R$ 0,00	Rateado	R$ 240,00	R$ 160,00	R$ 80,00	R$ 240,00	R$ 0,00
9	Verificar a data válida do passaporte	R$ 0,00	Rateado	R$ 20,00	R$ 20,00	R$ 0,00	R$ 20,00	R$ 0,00
10	Solicitar a pessoa que está em Dublin, uma carta de entrada no país, com datas de ida, volta e local de permanência	R$ 0,00	Rateado	R$ 20,00	R$ 20,00	R$ 0,00	R$ 20,00	R$ 0,00
11	Comprar euro	R$ 0,00	Rateado	R$ 20,00	R$ 20,00	R$ 0,00	R$ 20,00	R$ 0,00
12	Preparar a bagagem	R$ 0,00	Rateado	R$ 4.124,00	R$ 3.468,00	R$ 656,00	R$ 2.624,00	R$ 1.500,00
13	▲ Voo de ida e de volta	R$ 0,00	Rateado	R$ 8.068,00	R$ 8.133,00	-R$ 65,00	R$ 0,00	R$ 8.068,00
14	Verificar sites das companhias aéreas	R$ 0,00	Rateado	R$ 640,00	R$ 640,00	R$ 0,00	R$ 0,00	R$ 640,00
15	Escolher os dias de ida e volta	R$ 0,00	Rateado	R$ 1.968,00	R$ 1.968,00	R$ 0,00	R$ 0,00	R$ 1.968,00
16	Comprar as passagens	R$ 0,00	Rateado	R$ 5.460,00	R$ 5.525,00	-R$ 65,00	R$ 0,00	R$ 5.460,00
17	▲ Hospedagem	R$ 0,00	Rateado	R$ 5.984,00	R$ 5.984,00	R$ 0,00	R$ 0,00	R$ 5.984,00
18	Pesquisar hostel	R$ 0,00	Rateado	R$ 800,00	R$ 800,00	R$ 0,00	R$ 0,00	R$ 800,00
19	Escolher hostel	R$ 0,00	Rateado	R$ 164,00	R$ 164,00	R$ 0,00	R$ 0,00	R$ 164,00
20	Pagar a permanência no hostel	R$ 0,00	Rateado	R$ 5.020,00	R$ 5.020,00	R$ 0,00	R$ 0,00	R$ 5.020,00
21	▲ Festa de Natal	R$ 0,00	Rateado	R$ 15.270,00	R$ 15.270,00	R$ 0,00	R$ 0,00	R$ 15.270,00

Para acessar a tabela *Trabalho* do projeto *Viagem no Natal para Dublin em 2020*, vá na guia *Exibir*, no grupo *Dados*, clique na ferramenta *Tabelas* e selecione *Trabalho*:

	Nome da Tarefa	Trabalho	Linha de Base	Variação	Real	Restante	% trab. concl.
0	▲ viagem no Natal para Dublin em 2020	1.002 hrs	963 hrs	39 hrs	143 hrs	859 hrs	14%
1	▲ reunião com a família	0 hrs	0 hrs	0 hrs	0 hrs	0 hrs	0%
2	reunião com a família 1	0 hrs	0 hrs	0 hrs	0 hrs	0 hrs	100%
3	reunião com a família 2	0 hrs	0 hrs	0 hrs	0 hrs	0 hrs	0%
4	reunião com a família 3	0 hrs	0 hrs	0 hrs	0 hrs	0 hrs	0%
5	reunião com a família 4	0 hrs	0 hrs	0 hrs	0 hrs	0 hrs	0%
6	reunião com a família 5	0 hrs	0 hrs	0 hrs	0 hrs	0 hrs	0%
7	▲ Passaportes	143 hrs	107 hrs	36 hrs	143 hrs	0 hrs	100%
8	Tirar o passaporte	12 hrs	8 hrs	4 hrs	12 hrs	0 hrs	100%
9	Verificar a data válida do passaporte	1 hr	1 hr	0 hrs	1 hr	0 hrs	100%
10	Solicitar a pessoa que está em Dublin, uma carta de entrada no país, com datas de ida, volta e local de permanência	1 hr	1 hr	0 hrs	1 hr	0 hrs	100%
11	Comprar euro	1 hr	1 hr	0 hrs	1 hr	0 hrs	100%
12	Preparar a bagagem	128 hrs	96 hrs	32 hrs	128 hrs	0 hrs	100%
13	▲ Voo de ida e de volta	128 hrs	128 hrs	0 hrs	0 hrs	128 hrs	0%
14	Verificar sites das companhias aéreas	32 hrs	32 hrs	0 hrs	0 hrs	32 hrs	0%
15	Escolher os dias de ida e volta	96 hrs	96 hrs	0 hrs	0 hrs	96 hrs	0%
16	Comprar as passagens	0 hrs	0 hrs	0 hrs	0 hrs	0 hrs	0%
17	▲ Hospedagem	49 hrs	49 hrs	0 hrs	0 hrs	49 hrs	0%
18	Pesquisar hostel	40 hrs	40 hrs	0 hrs	0 hrs	40 hrs	0%
19	Escolher hostel	8 hrs	8 hrs	0 hrs	0 hrs	8 hrs	0%
20	Pagar a permanência no hostel	1 hr	1 hr	0 hrs	0 hrs	1 hr	0%

ATIVIDADE 2: RELATÓRIOS DO PROJETO

Os relatórios são outra ferramenta muito útil para o monitoramento e o controle do projeto. São dinâmicos, pois são dashboards do Excel, e servem para que as informações sobre tarefas e recursos sejam visualizadas mais facilmente, ajudando assim a gerenciar o andamento do projeto.

1. Na guia *Relatório*, no grupo *Ver Relatórios*, há relatórios em formato de painéis, tabelas, gráficos, entre outros, que podem até ser comparados.

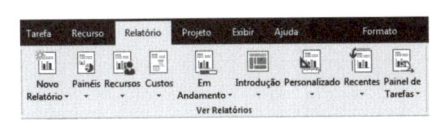

Aba *Ver Relatórios*: *Painéis*

1. Clique em *Painéis*. Veja que há cinco relatórios prontos e que podem ser modificados:

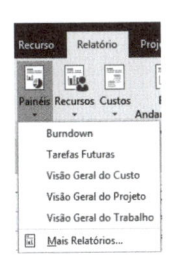

Relatório Burndown

1. Clique na opção *Burndown*. Os gráficos desse relatório mostram a quantidade total de horas de trabalho (ou o total de tarefas no início do projeto) e quantas horas de trabalho ainda faltam para terminar o projeto (ou o número de tarefas que faltam). Todos os itens do gráfico podem ser alterados ou apagados.

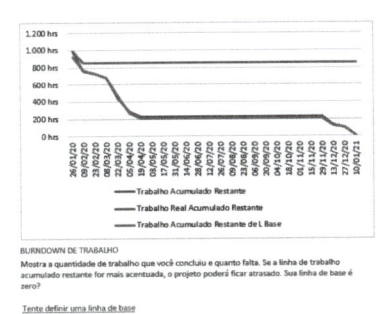

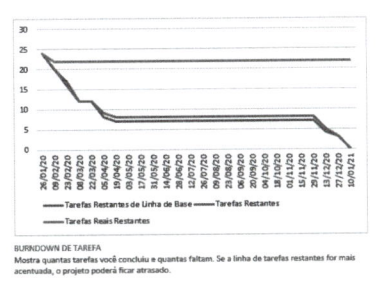

> O gráfico à esquerda mostra o burndown de horas de trabalho.
>
> O gráfico à direita mostra o burndown das tarefas.

Formatar gráficos

1. Clique sobre o gráfico da esquerda para selecioná-lo. Ao fazer isso, no canto direito do gráfico selecionado, serão exibidos três botões com opções para formatar o gráfico (todos os gráficos são formatados e configurados da mesma maneira).

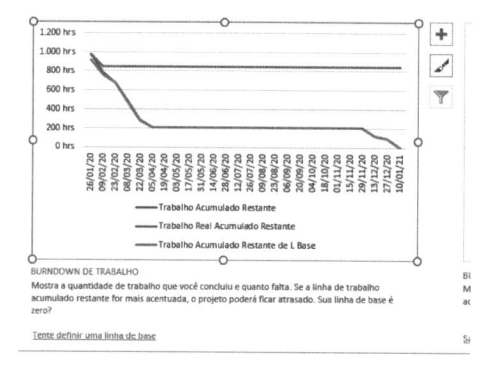

- *Elementos do Gráfico*: permite incluir elementos no gráfico:

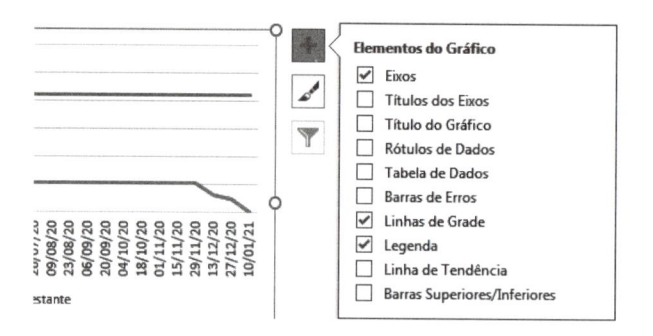

- *Eixos*: por padrão, os eixos horizontal e vertical são exibidos;
- *Títulos dos Eixos*: permite inserir títulos para os eixos horizontal e vertical;
- *Título do Gráfico*: serve para inserir um título no gráfico;
- *Rótulos de Dados*: permite inserir os valores de cada item (com isso, pode ser que o gráfico fique com muita informação e poluído);

- *Barra de Erros*: mostra o maior e o menor nível de desvio de erro na linha do gráfico;
- *Linhas de Grade*: exibe ou oculta as linhas de grade;
- *Legenda*: exibe ou oculta a legenda;
- *Linha de Tendência*: exibe ou oculta a linha de tendência do projeto;
- *Barras Superiores/Inferiores*: exibe ou oculta as barras (as superiores são mais grossas e, à medida que os valores vão diminuindo, as barras vão ficando mais finas).
- *Estilo/Cor*: apresenta opções de estilo e de cor do gráfico:

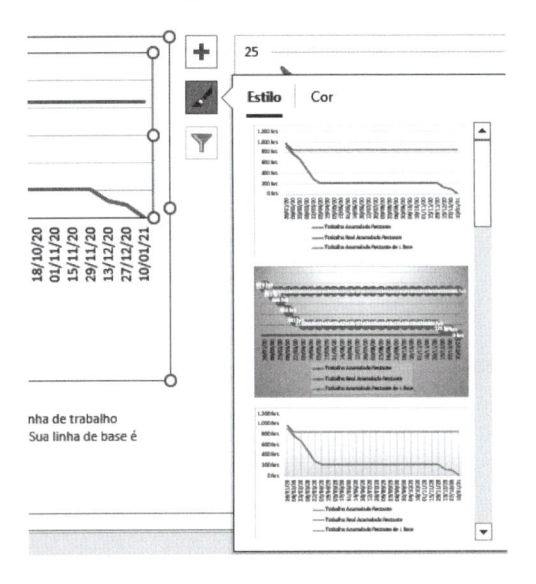

- *Valores*: permite filtrar os valores exibidos no gráfico:

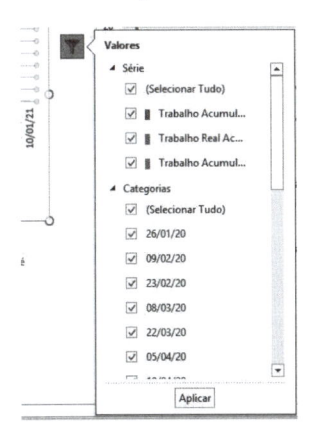

Além disso, ao selecionar um gráfico, será aberta à direita da tela a *Lista de Campos*:

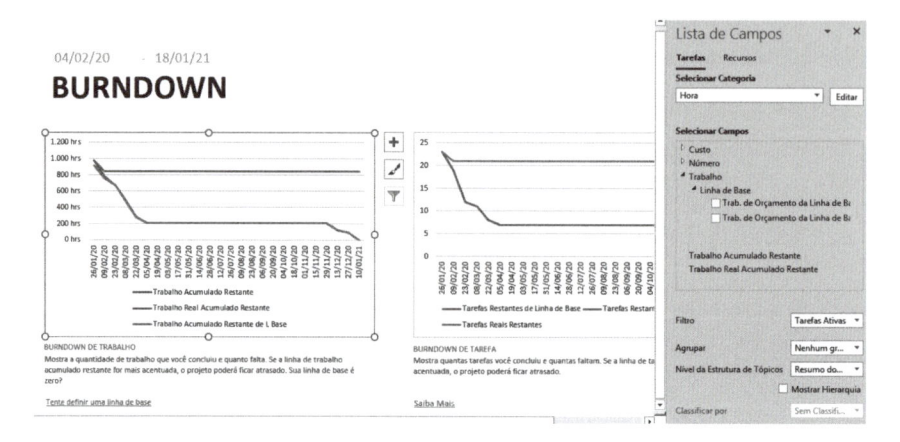

A *Lista de Campos* apresenta itens que podem ser inseridos ou modificados no gráfico:

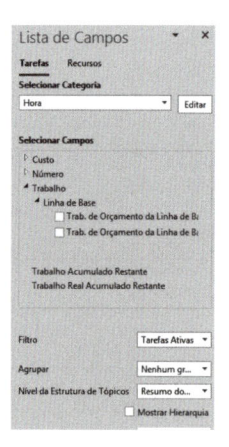

- *Selecionar Categoria*: por padrão, o período do gráfico é exibido em semanas. Ao clicar no botão *Editar*, é aberta a janela *Editar Escala de Tempo*.

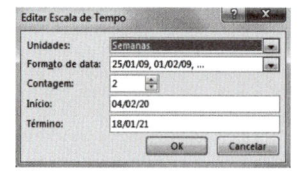

- *Unidades*: permite alterar a unidade de tempo do gráfico;
- *Formato de data*: define o formato de data que aparecerá no gráfico;
- *Contagem*: informa de quanto em quanto tempo a unidade de tempo será mostrada;

- *Início*: informa a data de início que será exibida no gráfico;
- *Término*: informa a data de término que será exibida no gráfico.
- *Selecionar Campos*: permite selecionar as informações que serão exibidas no gráfico. Abaixo desse grupo, mostram-se os itens que foram selecionados e serão exibidos no gráfico.
- *Filtro*: por padrão, mostra todas as tarefas ativas, mas é possível escolher um tipo de tarefa, ou data ou marcos. Há várias opções para serem filtradas no gráfico.
- *Agrupar*: por padrão, as informações no gráfico não vêm agrupadas, mas é possível agrupá-las por tarefas críticas, por prioridade, por recursos, etc.
- *Nível da Estrutura de Tópicos*: por padrão, mostra o nível do *Id0*, mas é possível escolher qual nível será mostrado no gráfico.

> Todos os gráficos e tabelas apresentados neste capítulo podem ser formatados e configurados antes de se imprimir os relatórios.

Relatório Tarefas Futuras

1. Novamente na guia *Relatório*, no grupo *Ver Relatórios*, clique em *Painéis* e depois na opção *Tarefas Futuras*. O relatório mostra a porcentagem do projeto concluída até a data de status, o gráfico e a tabela das tarefas da semana seguinte e das tarefas que não foram concluídas na semana atual.

> No gráfico, não aparece nenhuma tarefa, pois todas as tarefas da semana atual foram concluídas.

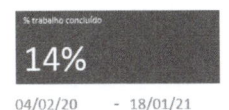

% trabalho concluído
14%
04/02/20 - 18/01/21

TAREFAS FUTURAS

TAREFAS RESTANTES
Status das tarefas restantes que vencem esta semana

TAREFAS INICIANDO EM BREVE
Status das tarefas que começam na semana que vem

Nome	Nomes dos recursos	Início	Término	Trabalho
reunião com a família 3		18/02/20	18/02/20	0 hrs
Verificar sites das companhias aéreas	Stella	17/02/20	20/02/20	32 hrs
Escolher os dias de ida e volta	Bruna ;Gabriela ;Maricy ;Stella	21/02/20	25/02/20	96 hrs

Relatório Visão Geral do Custo

1. De volta à guia *Relatório*, no grupo *Ver Relatórios*, clique em *Painéis* e depois na opção *Visão Geral do Custo*. Esse relatório mostra o custo do projeto, o custo que ainda resta a ser gasto, o gráfico da Curva S (custo acumulado do projeto), a tabela de custo por tarefa, o gráfico de custo real, o custo restante de cada tarefa e o custo da linha de base.

> O gráfico *Progresso versus Custo* é o relatório da Curva S, ou o custo acumulado do projeto.
>
> O gráfico *Status de Custo* e a tabela *Status do Custo* mostram o custo real, o custo da linha de base e o custo estimado no nível 1 da estrutura de tópicos.

Relatório Visão Geral do Projeto

1. Novamente na guia *Relatório*, no grupo *Ver Relatórios*, clique em *Painéis* e depois na opção *Visão Geral do Projeto*. Esse relatório mostra a visão atual do projeto, a porcentagem concluída e as tarefas atrasadas.

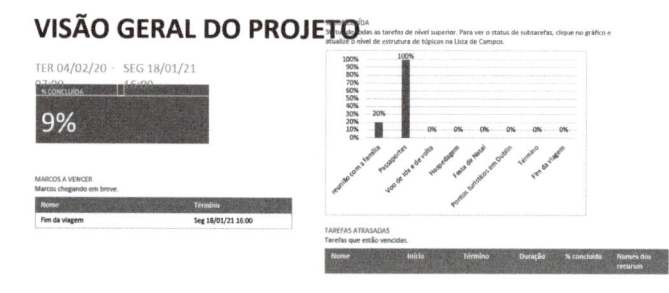

> O gráfico *% Concluída* mostra a porcentagem concluída no nível 1 da estrutura de tópicos.
>
> A tabela *Marcos a Vencer* mostra os marcos que ainda não foram realizados.
>
> A tabela *Tarefas Atrasadas* mostra tarefas atrasadas, caso haja alguma.

Relatório Visão Geral do Trabalho

1. Na guia *Relatório*, no grupo *Ver Relatórios*, clique em *Painéis* e depois na opção *Visão Geral do Trabalho*. O relatório mostra a porcentagem do trabalho do projeto, a quantidade de horas restantes, a quantidade de horas já trabalhadas, o gráfico de burndown de trabalho, os gráficos de trabalho das tarefas e dos recursos, e o gráfico de disponibilidade de recursos no projeto.

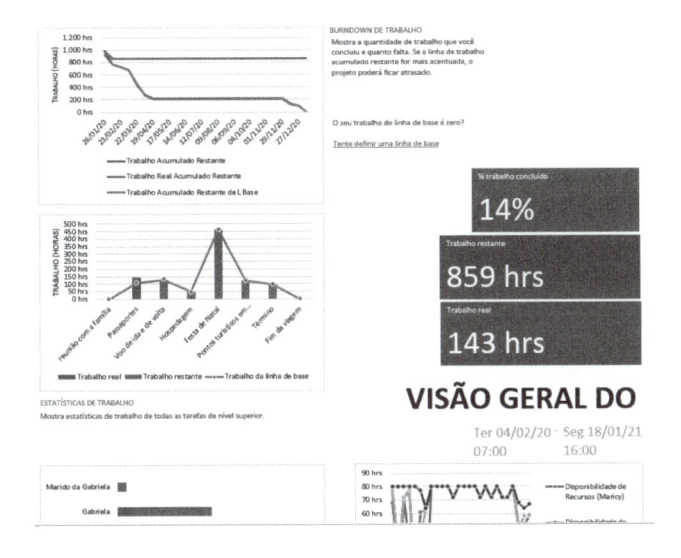

> O gráfico *Burndown de Trabalho* é o mesmo do relatório *Burndown*.
>
> O gráfico *Estatísticas de Trabalho* mostra a quantidade de horas trabalhadas e de horas restantes a serem realizadas no nível 1 da estrutura de tópicos.
>
> O gráfico *Estatísticas de Recursos* mostra a quantidade de horas trabalhadas e de horas restantes a serem realizadas por cada recurso.
>
> O gráfico *Disponibilidade Restante* mostra a quantidade de horas disponíveis de cada recurso, em horas e por semana.

Aba *Relatórios: Recursos*

1. Na guia *Relatório*, no grupo *Ver Relatórios*, clique em *Recursos*. Veja que há dois relatórios prontos e que podem ser modificados:

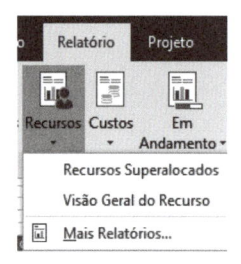

Relatório Recursos Superalocados

1. Clique em *Recursos Superalocados*. Esse relatório mostra os recursos superalocados e em qual período do projeto eles estão superalocados.

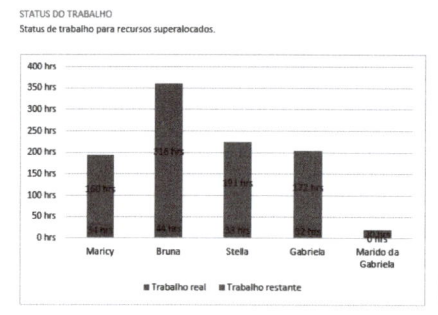

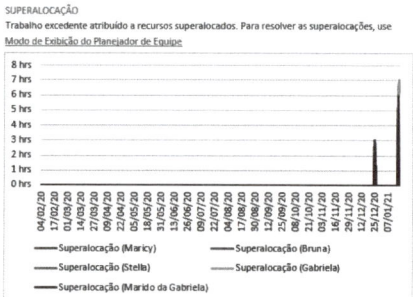

> O gráfico à esquerda, *Status do Trabalho*, mostra a quantidade de horas trabalhadas e de horas restantes a serem realizadas por cada recurso, conforme mostrado no relatório *Visão Geral do Trabalho*.
>
> O gráfico à direita, *Superalocação*, mostra quais recursos estão superalocados e em qual período acontece a superalocação.

Relatório Visão Geral do Recurso

1. De volta à guia *Relatório*, no grupo *Ver Relatórios*, clique em *Visão Geral do Recurso*. Esse relatório mostra o trabalho já realizado (concluído até a data de status) e o trabalho restante de cada recurso.

VISÃO GERAL DO RECURSO

ESTATÍSTICAS DE RECURSOS
Status de trabalho para todos os recursos de trabalho.

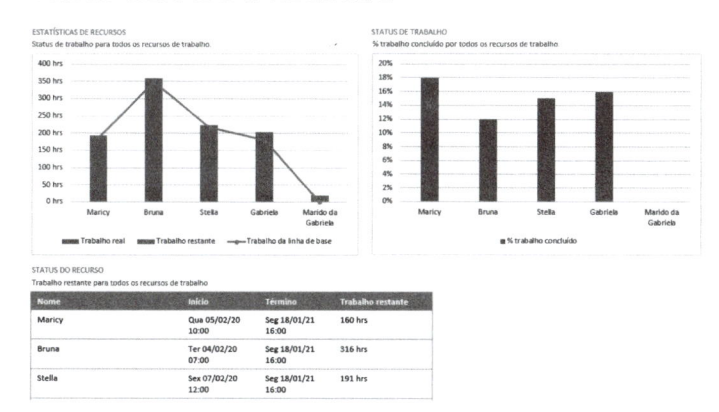

STATUS DE TRABALHO
% trabalho concluído por todos os recursos de trabalho

STATUS DO RECURSO
Trabalho restante para todos os recursos de trabalho

Nome	Início	Término	Trabalho restante
Maricy	Qua 05/02/20 10:00	Seg 18/01/21 16:00	160 hrs
Bruna	Ter 04/02/20 07:00	Seg 18/01/21 16:00	316 hrs
Stella	Sex 07/02/20 12:00	Seg 18/01/21 16:00	191 hrs

> O gráfico à esquerda, *Estatísticas de Recursos*, mostra a quantidade de horas trabalhadas (trabalho real) e de horas restantes a serem realizadas por cada recurso, assim como a quantidade de horas da linha de base, conforme mostrado no relatório *Visão Geral do Trabalho*.
>
> O gráfico à direita, *Status de Trabalho*, mostra a porcentagem de trabalho concluída de cada recurso.
>
> A tabela *Status do Recurso*, abaixo dos gráficos, mostra as datas estimadas de início e de término do recurso nas atividades do projeto, assim como a quantidade de horas de trabalho restante.

ABA *RELATÓRIOS: CUSTOS*

1. Na guia *Relatório*, no grupo *Ver Relatórios*, clique em *Custos*. Veja que há cinco relatórios prontos e que podem ser modificados:

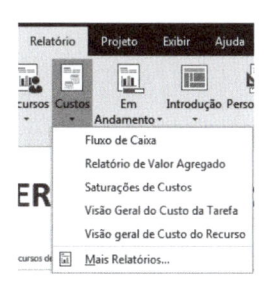

- Fluxo de Caixa
- Relatório de Valor Agregado
- Saturações de Custos
- Visão Geral do Custo da Tarefa
- Visão geral de Custo do Recurso
- Mais Relatórios...

Neste ponto, veremos dois deles em detalhes:

Relatório Fluxo de Caixa

1. Clique em *Fluxo de Caixa*. O relatório mostra o valor gasto até a data de status, o valor restante, o valor da linha de base e os indicadores do valor agregado.

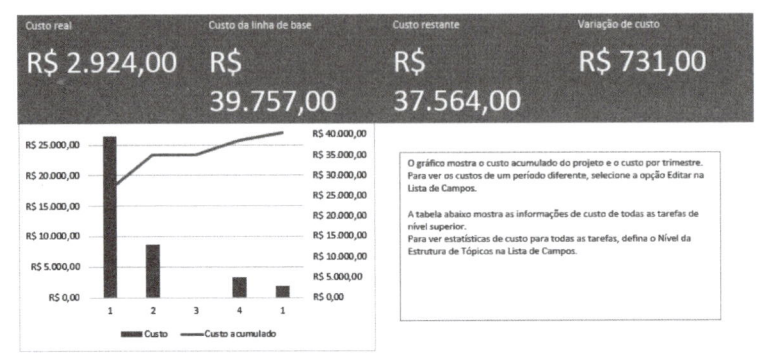

Custo real	Custo da linha de base	Custo restante	Variação de custo
R$ 2.924,00	R$ 39.757,00	R$ 37.564,00	R$ 731,00

O gráfico mostra o custo acumulado do projeto e o custo por trimestre. Para ver os custos de um período diferente, selecione a opção Editar na Lista de Campos.

A tabela abaixo mostra as informações de custo de todas as tarefas de nível superior.
Para ver estatísticas de custo para todas as tarefas, defina o Nível da Estrutura de Tópicos na Lista de Campos.

Nome	Custo restante	Custo real	Custo	CR	COTE	COTA
reunião com a família	R$ 0,00	R$ 0,00	R$ 0,00	R$ 0,00	R$ 0,00	R$ 0,00
Passaportes	R$ 1.500,00	R$ 2.924,00	R$ 4.424,00	R$ 2.924,00	R$ 3.688,00	R$ 2.188,00
Voo de ida e de volta	R$ 8.068,00	R$ 0,00	R$ 8.068,00	R$ 0,00	R$ 0,00	R$ 140,00
Hospedagem	R$ 5.984,00	R$ 0,00	R$ 5.984,00	R$ 0,00	R$ 0,00	R$ 0,00
Festa de Natal	R$ 15.270,00	R$ 0,00	R$ 15.270,00	R$ 0,00	R$ 0,00	R$ 0,00
Pontos turísticos em Dublin	R$ 4.760,00	R$ 0,00	R$ 4.760,00	R$ 0,00	R$ 0,00	R$ 0,00
Término	R$ 1.982,00	R$ 0,00	R$ 1.982,00	R$ 0,00	R$ 0,00	R$ 0,00
Fim da viagem	R$ 0,00	R$ 0,00	R$ 0,00	R$ 0,00	R$ 0,00	R$ 0,00

O gráfico mostra a Curva S do projeto e o custo por trimestre.

A tabela na parte de baixo mostra o custo restante, o custo real, o custo orçado do trabalho agendado (COTA) e o valor acumulado da porcentagem concluída (COTE), também chamado de valor agregado.

Relatório de Valor Agregado

1. De volta à guia *Relatório*, no grupo *Ver Relatórios*, clique em *Relatório de Valor Agregado*. Essa é uma técnica de medição do desempenho do projeto até a data de status e mostra a variação de prazo e de custo, assim como o índice de desempenho do prazo e do custo.

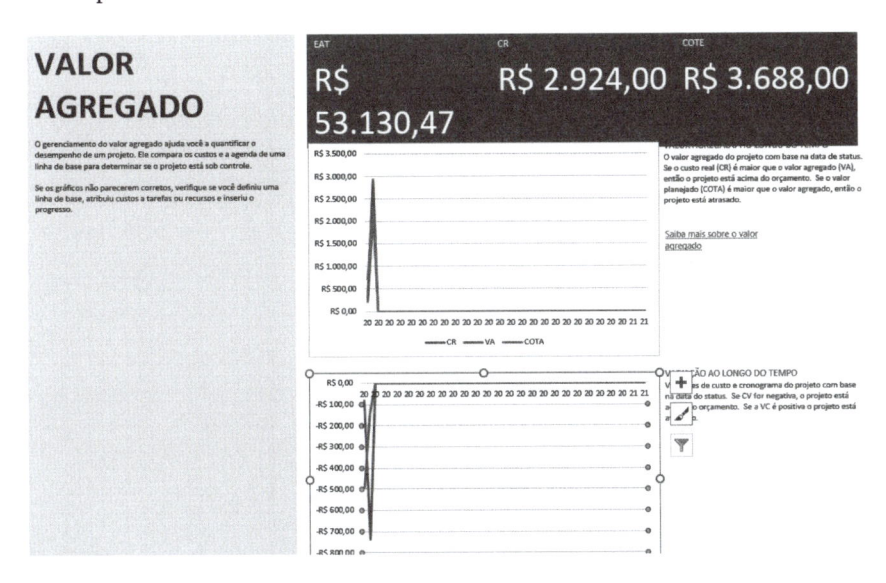

> O gráfico superior mostra se o valor gasto do projeto está acima ou abaixo do valor da linha de base.
>
> O gráfico do meio mostra a variação do custo do projeto em relação ao custo da linha de base.
>
> O gráfico inferior mostra o índice de desempenho do custo do projeto.

ATIVIDADE 3: COMPARAR VERSÕES DO PROJETO

As versões do projeto salvas, além de terem como objetivo manter o histórico do projeto, podem ser comparadas para mostrar o que foi alterado de uma data para outra.

> A comparação sempre é feita entre duas versões.

Até aqui, já salvamos algumas versões do projeto *Viagem no Natal para Dublin em 2020*. Vamos comparar a última versão com a do arquivo *Viagem no Natal para Dublin em 2020 – 07-02-20*.

1. Abra a última versão do projeto, vá na guia *Relatório*, no grupo *Projeto*, e clique na ferramenta *Comparar Projetos*.

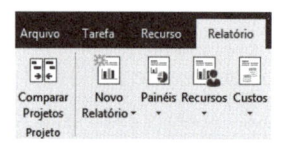

Será aberta a janela *Comparar Versões do Projeto*:

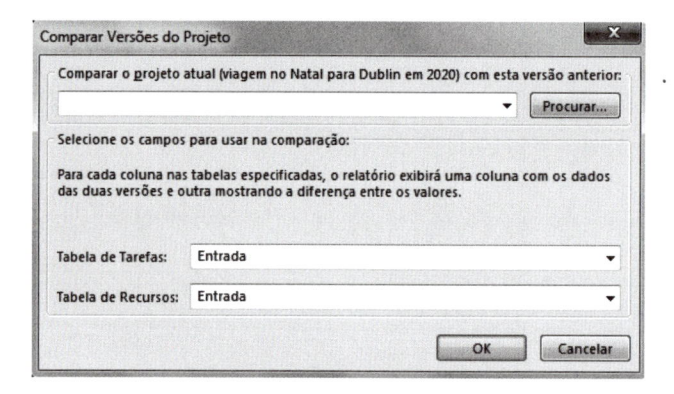

Por padrão, o Project sempre vai comparar a versão aberta com outra versão.

2. Clique no botão *Procurar* e informe qual é a versão que será comparada com a versão aberta (neste caso, *Viagem no Natal para Dublin em 2020 – 07-02-20*).

3. No menu suspenso *Tabela de Tarefas*, escolha a tabela de tarefas a ser comparada: *Entrada*.

4. No menu suspenso *Tabela de Recursos*, escolha uma tabela de recursos a ser comparada: *Entrada*.

5. Em seguida, clique em *OK*.

O Project abrirá o arquivo *Relatório de Comparação*.

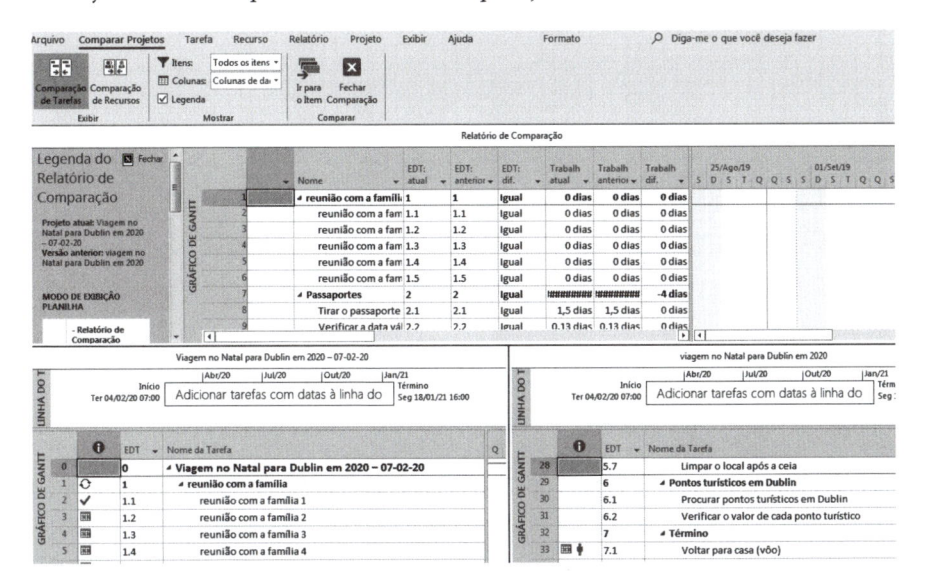

Relatório de Comparação

O *Relatório de Comparação* se encontra na parte superior. Na parte inferior, à direita, aparece a versão atual do projeto; à esquerda, aparece a versão anterior.

1. No *Relatório de Comparação*, clique em *Maximizar* para visualizar apenas o relatório.

Veja na guia *Comparar Projetos*, no grupo *Exibir*, que a opção selecionada é *Comparação de Tarefas*. Há também a opção *Comparação de Recursos*.

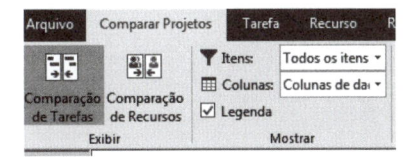

2. No grupo *Mostrar*, na opção *Itens*, selecione *Todas as diferenças*.

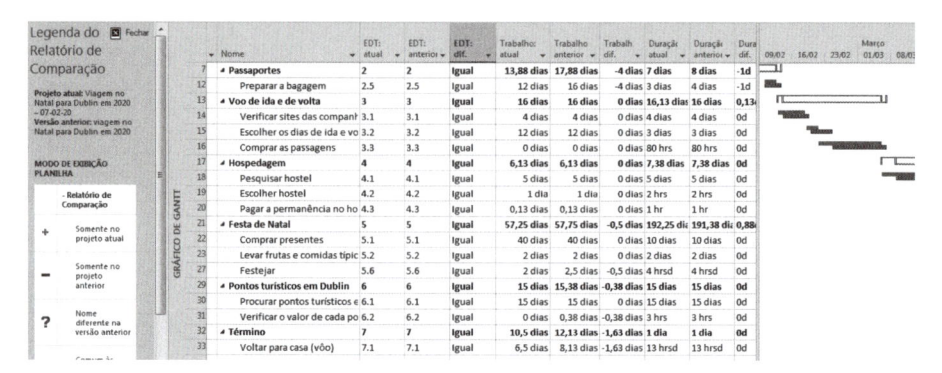

A coluna à esquerda mostra a *Legenda do Relatório de Comparação*. A tabela no centro mostra as diferenças nas informações das tarefas. No gráfico à direita, as barras azuis trazem informações sobre as tarefas da versão anterior, enquanto as barras verdes trazem informações sobre as tarefas da versão atual.

Entre as duas versões, o que difere nas tarefas é a inclusão do recurso *Marido da Gabriela*, o que aumentou a quantidade de trabalho.

3. Para ver a diferença entre as informações dos recursos, vá na guia *Comparar Projetos*, no grupo *Exibir*, e clique na ferramenta *Comparação de Recursos*.

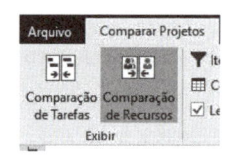

4. No grupo *Mostrar*, em *Itens*, selecione *Todas as diferenças*.

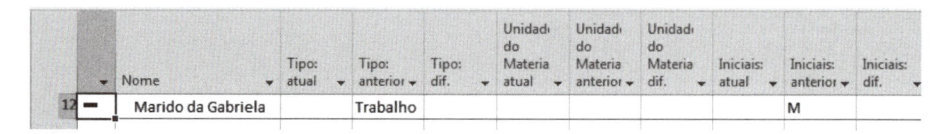

O sinal de menos [−] na linha do nome do recurso informa que este é um recurso que só aparece na versão anterior do projeto.

5. Feche a versão anterior do arquivo do projeto. Não é necessário salvar o relatório, mas, caso precise, o Project sugere que salve como *Relatório de Comparação*.

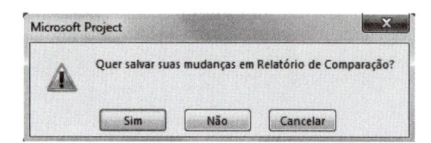

ATIVIDADE 4: IMPRIMIR O MODO DE VISÃO *CALENDÁRIO*

Outra maneira possível de monitoramento é imprimir calendário do projeto.

1. Abra novamente o projeto *Viagem no Natal para Dublin em 2020*. Na guia *Tarefa*, no grupo *Exibir*, selecione o modo de visão *Calendário*. Em seguida, clique na guia *Arquivo* para acessar o *Backstage* e clique em *Imprimir*.

Janela *Imprimir*

A janela *Imprimir* mostra as configurações predefinidas e a visualização da impressão.

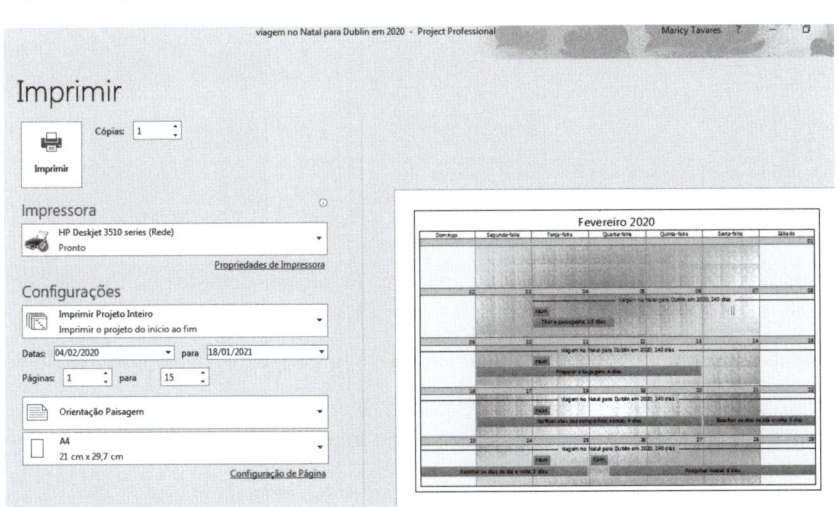

O Project apresenta as seguintes configurações de impressão:

Cópias

Cópias: 1

Define a quantidade de cópias que serão impressas.

Impressora

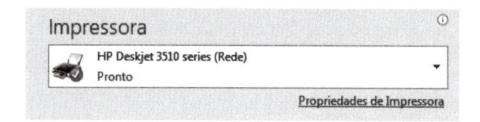

Define em qual impressora será impresso o documento.

Ao clicar em *Propriedades de Impressora*, é aberta a janela *Propriedades de Impressora*, que tem duas abas: *Layout* e *Papel/Qualidade*:

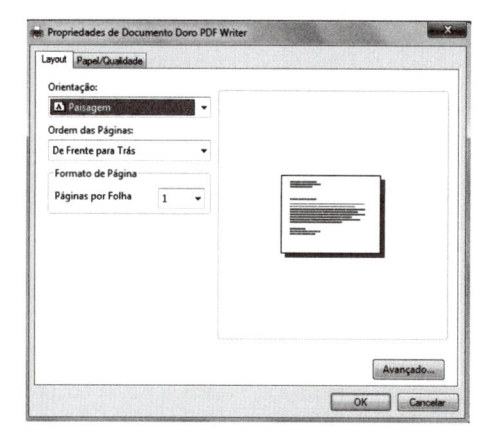

A aba *Layout* apresenta as seguintes opções:

- *Orientação*: informa se a posição do papel será *Paisagem* (deitado) ou *Retrato* (em pé).
- *Ordem das Páginas*: informa se o documento será impresso de frente para trás ou de trás para frente.
- *Páginas por Folha*: define quantas páginas serão impressas por folha.

A aba *Papel/Qualidade* permite definir se a impressão será em *Preto e branco* ou em *Cor*. Também há a opção *Avançado*, que não veremos agora.

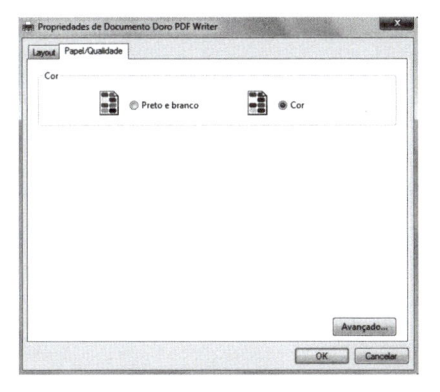

Configurações

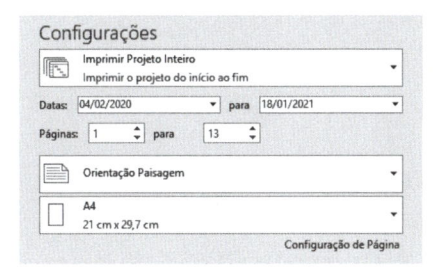

Por padrão, este item vem configurado para imprimir o prazo todo do projeto, mas é possível informar apenas as datas (ou as páginas) que se deseja imprimir.

Aqui também é possível escolher a orientação da impressão (*Paisagem* ou *Retrato*) e o tipo de papel.

Ao clicar em *Configuração de Página*, é aberta a janela *Configurar página – Calendário*, que possui seis abas: *Página, Margens, Cabeçalho, Rodapé, Legenda* e *Modo de exibição*.

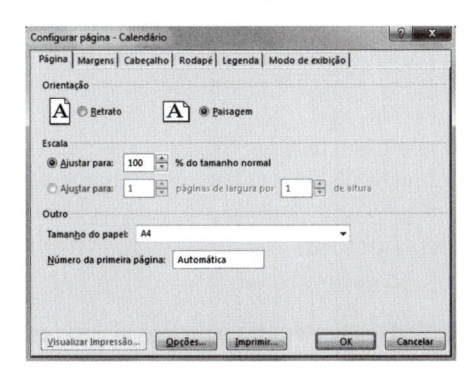

A aba *Página* apresenta as seguintes opções:

- *Orientação*: define se a posição da impressão será *Retrato* ou *Paisagem*.
- *Escala*: informa a porcentagem do tamanho do calendário a ser impresso.
- *Tamanho do papel*: define o tamanho do papel na bandeja da impressora.

A aba *Margens* apresenta as seguintes opções:

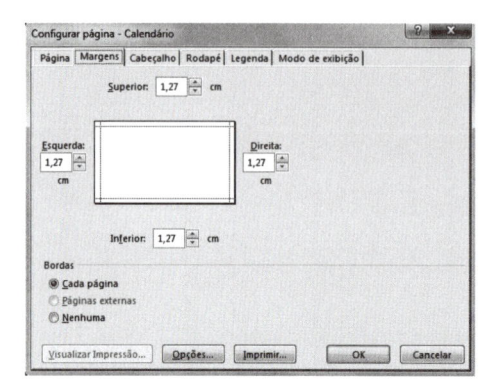

- *Superior*, *Esquerda*, *Direita* e *Inferior*: informa em centímetros a margem de impressão a partir da borda do papel.
- *Bordas*: informa em quais páginas deverá ser impressa uma borda.

A aba *Cabeçalho* apresenta as seguintes opções:

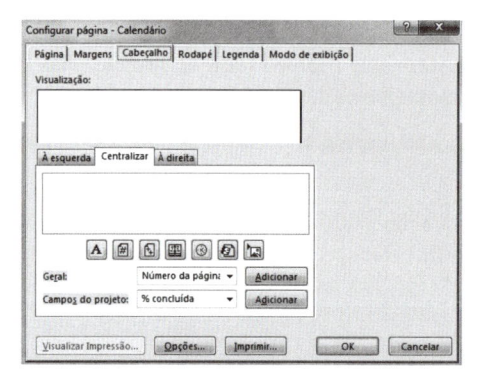

- *À esquerda*, *Centralizar* e *À direita*: permite que sejam inseridas informações na respectiva posição do cabeçalho, tais como número de página, data, hora, nome do arquivo, caminho onde foi salvo, ou uma imagem (que pode ser o logotipo da empresa). Também é possível inserir outras informações textuais, tais como o seu nome ou o nome da empresa.

A aba *Rodapé* apresenta as seguintes opções:

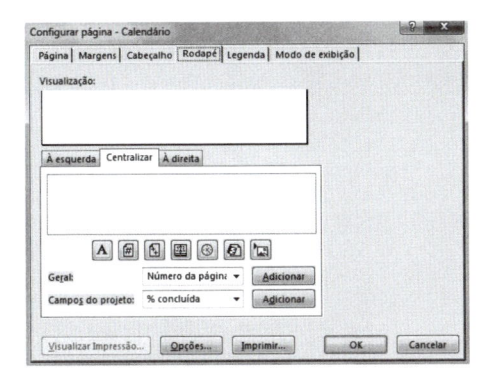

- **À esquerda, Centralizar e À direita:** permite que sejam inseridas informações na respectiva posição do rodapé, tais como número de página, data, hora, nome do arquivo, caminho onde foi salvo, ou uma imagem (que pode ser o logotipo da empresa). Também é possível inserir outras informações textuais, tais como o seu nome ou o nome da empresa.

A aba *Legenda* apresenta as seguintes opções:

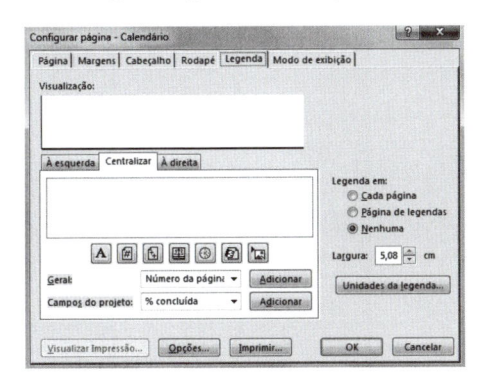

- **À esquerda, Centralizar e À direita:** de forma semelhante ao rodapé e ao cabeçalho, permite incluir uma legenda em cada página ou uma página contendo todas as legendas. O campo *Largura* define quantos centímetros terá a legenda.

A aba *Modo de exibição* apresenta as seguintes opções:

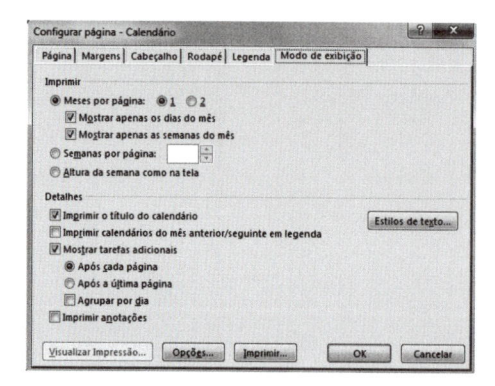

- *Imprimir*: define quantos meses serão impressos na página (um ou dois), ou quantas semanas. Também há a opção de imprimir a altura da semana como vista na tela do computador.

- *Detalhes*: define se o título do calendário será impresso; se os calendários do mês anterior ou do mês seguinte serão impressos; se as tarefas adicionais serão mostradas após cada página ou após a última página; e se as anotações das tarefas serão impressas.

> As configurações de impressão podem ser alteradas em cada modo de visão.

8

Exercício proposto

OBJETIVO
» Planejar, executar, monitorar e entregar um projeto conforme solicitado por um cliente

PROJETO PARA A REFORMA DE UM ARMÁRIO

1. O cliente José solicitou que as gavetas de um armário fossem reformadas, e que a pintura do móvel fosse envelhecida. Francisco, o dono da marcenaria, trabalhará a partir de *01/07/19*, de segunda-feira a sexta-feira das *8:00 h* às *12:00 h* e das *13:30 h* às *17:30 h*. Com base nessas informações, crie um novo projeto e o calendário *Marcenaria*, com as mesmas exceções usadas no projeto *Viagem no Natal para Dublin em 2020*.

> Não esqueça de configurar o calendário *Marcenaria* para este projeto.

2. O projeto de reforma do armário está dividido em fases e tarefas, conforme a tabela abaixo. As tarefas, as durações e as predecessoras foram definidas por Francisco e aprovadas por José. Usando os conhecimentos obtidos ao longo do livro, adicione as seguintes fases e tarefas ao projeto, e faça a indentação:

Id	Nome da tarefa	Duração	Predecessora
0	Projeto reforma do armário		
1	Reuniões com o cliente		
2	Reunião com o cliente 1		
3	Reunião com o cliente 2		
4	Reunião com o cliente 3		
5	Armário		
6	Ver o armário na casa do cliente	6 horas	
7	Entender as solicitações do cliente	4 horas	2TT
8	Enviar o orçamento	1 hora	3TI
9	Orçamento aprovado	1 hora	4TI + 2 dias
10	Reforma		
11	Desmontar o armário	2 dias	5TI + 3 dias
12	Verificar os trilhos das gavetas	2 horas	7
13	Verificar as dobradiças	1 hora	7
14	Comprar trilhos e dobradiças	1 dia	8;9
15	Lixar todas as madeiras	5 dias	10TI
16	Pintar com efeito de envelhecimento	3 dias	11TI + 2 dias
17	Montar o armário	1 dia	12TI

(cont.)

Id	Nome da tarefa	Duração	Predecessora
18	Checar dobradiças e trilhos	3 horas	13TI
19	Entrega		
20	Negociar data de entrega	2 horas	14TI
21	Colocar o armário na van	3 horas	16TI + 5 dias
22	Receber o valor da reforma	1 hora	17TI
23	Fim do projeto	0 dia	18TI

3. José solicitou a Francisco que a atividade *Negociar data de entrega* acontecesse depois do dia *05/08/19*, pois em julho ele estará de férias com a família. Pelo mesmo motivo, solicitou que as reuniões para o gerenciamento das atividades sejam quinzenais e via Skype. Adicione a restrição necessária.

4. Francisco, o dono da marcenaria, solicitou a José que concluísse a tarefa *Orçamento aprovado* até o dia *04/07/19*, antes que o cliente saia de férias. Adicione a data-limite para a tarefa *Orçamento aprovado* em *04/07/19* às *17:30 h*.

5. A tarefa *Lixar todas as madeiras* terá uma interrupção na sexta-feira dia *19/07/19* e voltará a ser realizada somente na terça-feira dia *23/07/19*.

6. Verifique o caminho crítico do projeto. Por que só aparece a partir do Id20 (*Negociar data de entrega*)? Note que ele só se inicia a partir daí, devido à restrição na tarefa.

Francisco calculou o material de insumo, o valor de sua hora de trabalho, o valor/hora do ajudante e o custo para retirar e devolver o armário para o cliente. Os recursos estão 100% empenhados, não há valor de hora extra, e o trabalho é feito conforme o calendário *Marcenaria*. Os recursos estimados para o projeto são:

Nome do recurso	Tipo	Unidade do material	Taxa padrão	Custo/uso	Acumular	Calendário base
Custo de retirada	Material	retirada	R$ 0,00	R$ 100,00	rateado	
Lixa	Material	unitário	R$ 5,00	R$ 0,00	início	
Dobradiça	Material	unitário	R$ 2,00	R$ 0,00	início	
Trilho	Material	unitário	R$ 3,00	R$ 0,00	início	
Tinta de envelhecimento	Material	latão	R$ 35,00	R$ 0,00	início	
Marceneiro	Trabalho		R$ 80,00/hr	R$ 0,00	rateado	marcenaria
Ajudante da marcenaria	Trabalho		R$ 40,00/hr	R$ 0,00	rateado	marcenaria

7. Inclua as informações de custo de cada recurso *Material* nas abas *Anotações* e *Custos*.

8. O custo dos recursos a seguir vai sofrer um aumento de 5% a partir de *01/08/19*:

Nome do recurso	Tipo	Unidade do material	Taxa padrão	Custo/uso	Acumular
Lixa	Material	unitário	R$ 5,00	R$ 0,00	início
Dobradiça	Material	unitário	R$ 2,00	R$ 0,00	início
Trilho	Material	unitário	R$ 3,00	R$ 0,00	início
Tinta de envelhecimento	Material	latão	R$ 35,00	R$ 0,00	início

9. Os recursos estão alocados no projeto conforme a tabela abaixo. Para não alterar as durações, no campo *Tipo*, escolha *Duração fixa* e desmarque o campo *Controlada pelo empenho*, e insira o campo *Trabalho*:

EDT	Nome do recurso
2.1	Marceneiro
2.2	Marceneiro
2.3	Marceneiro
2.4	Marceneiro
3.1	Ajudante da marcenaria; Marceneiro
3.2	Ajudante da marcenaria
3.3	Ajudante da marcenaria
3.4	Dobradiça [6 unitário]; Lixa [5 unitário]; Marceneiro; Trilho [4 unitário]; Tinta de envelhecimento [1 latão]
3.5	Ajudante da marcenaria
3.6	Marceneiro
3.7	Ajudante da marcenaria; Marceneiro
3.8	Ajudante da marcenaria
4.1	Marceneiro
4.2	Ajudante da marcenaria; Marceneiro; Custo de retirada [1 retirada]
4.3	Marceneiro

10. No *Id0* (*Projeto reforma do armário*), a quantidade de *Trabalho* deve ser de *147 horas*. Na coluna *Indicadores*, os recursos *Marceneiro* e *Ajudante da marcenaria* aparecerão

como superalocados. Para resolver isso, no *Id7* (*Entender as solicitações do cliente*), troque o vínculo de *TT* para *TI*. No *Id13* (*Verificar as dobradiças*), altere a tarefa do vínculo para a *Id12* (*Verificar os trilhos das gavetas*). O projeto não sofrerá alteração no caminho crítico.

11. Verifique as horas dos recursos e das tarefas, assim como o custo das tarefas e dos recursos. Na tabela *Custo* das atividades, o campo *Custo total* do *Id0* é de R$ 9.024,00, de acordo com as tabelas abaixo.

Tabela *Custo* dos recursos

Nome do recurso	Custo
Custo de retirada	R$ 100,00
Lixa	R$ 25,00
Dobradiça	R$ 12,00
Trilho	R$ 12,00
Tinta de envelhecimento	R$ 35,00
Marceneiro	R$ 5.920,00
Ajudante da marcenaria	R$ 2.920,00

Tabela *Trabalho* dos recursos

Nome do recurso	Trabalho
Custo de retirada	1 retirada
Lixa	5 unitário
Dobradiça	6 unitário
Trilho	4 unitário
Tinta de envelhecimento	1 latão
Marceneiro	74 hrs
Ajudante da marcenaria	73 hrs

12. Defina a linha de base, verifique a estatística do projeto e salve-o.
13. Defina a data de status em *05/07/19* às *17:30 h* e formate a data de status.
14. Atualize a tarefa do *Id2* (*Reunião com cliente 2*) conforme o planejado.
15. Atualize a tarefa do *Id6* (*Ver o armário na casa do cliente*) com início em *01/07/19* às *8:00 h* e término em *01/07/19* às *17:30 h*.
16. Atualize as tarefas do *Id7* (*Entender as solicitações do cliente*), *Id8* (*Enviar o orçamento*) e *Id9* (*Orçamento aprovado*), mostrando que aconteceram conforme o planejado.

17. Salve o projeto e faça uma cópia com o nome *Reforma do Armário – 05-07-19*. Feche o arquivo dessa versão do projeto.

18. Abra o projeto *Reforma do Armário* e informe a nova data de status em *12/07/19* às *17:30 h*.

19. Atualize a tarefa do *Id11* (*Desmontar o armário*), pois o recurso *Marceneiro* não poderá executá-la. Ao retirar o recurso *Trabalho* dessa tarefa, é mostrado o SmarTag. Informe que a tarefa precisará de mais duração e a mesma quantidade de trabalho.

20. No *Id11* (*Desmontar o armário*), diminua a latência da tarefa para dois dias. Ela efetivamente começou em *10/07/19* às *8:00 h*, mas ainda não terminou porque está de acordo com a duração estimada. Atualize o projeto.

21. Qual é a porcentagem concluída da tarefa do *Id11*? O que aconteceu com o projeto? Qual é a nova duração? Qual é a data estimada de término?

22. Salve o projeto e salve uma versão como *Reforma do armário – 12-07-19*. Feche o arquivo dessa versão.

23. Após a atualização das tarefas e do projeto, o cliente informou que não queria mais as prateleiras e solicitou que no lugar delas fosse colocado um espelho grande. O dono da marcenaria informou que essa nova solicitação aumentaria o valor da reforma e que possivelmente a data da entrega seria alterada. O cliente informou que está de acordo com o aumento do valor e do prazo. Insira no modo de visão *Planilha de Recursos* o recurso *Material* chamado *Espelho*, no valor de *R$ 1.500,00*.

24. Insira no *Pacote de Trabalho Armário* as tarefas a seguir, no *Id15* e no *Id18* respectivamente:

Nome da tarefa	Duração	Predecessora	Recurso
Comprar espelho	1 dia	Comprar trilhos e dobradiças – TI	Marceneiro
Colocar o espelho	4 horas	Pintar com efeito de envelhecimento – TI+4 horas	Marceneiro

25. Crie os seguintes vínculos:

Nome da tarefa	Predecessora
Lixar todas as madeiras	Comprar espelho – TI
Montar o armário	Colocar o espelho – TI

26. Atualize a mesma linha de base apenas nas tarefas desde o *Id12* (*Verificar os trilhos das gavetas*) até o *Id25* (*Fim do projeto*). Salve o projeto.

27. Verifique as tabelas *Controle*, *Cronograma* e *Variação*, assim como as tabelas *Custo* e *Trabalho*. Faça uma análise de cada tabela e verifique a estatística do projeto.

28. Verifique os modos de visão *Calendário, Diagrama de Rede, Formulário de Tarefas, Gantt com Várias Linhas de Base, Linha do Tempo* e *Planilha de Tarefas*. Faça a análise de cada modo de visão.

29. Verifique a impressão dos modos de visão *Calendário, Diagrama de Rede, Formulário de Tarefas, Gráfico de Gantt, Gantt com Várias Linhas de Base, Linha do Tempo* e *Planilha de Tarefas*.

30. Crie o *Relatório de Comparação* entre as versões atual e a do dia *05-07-19*.

O projeto deverá estar conforme a imagem a seguir.

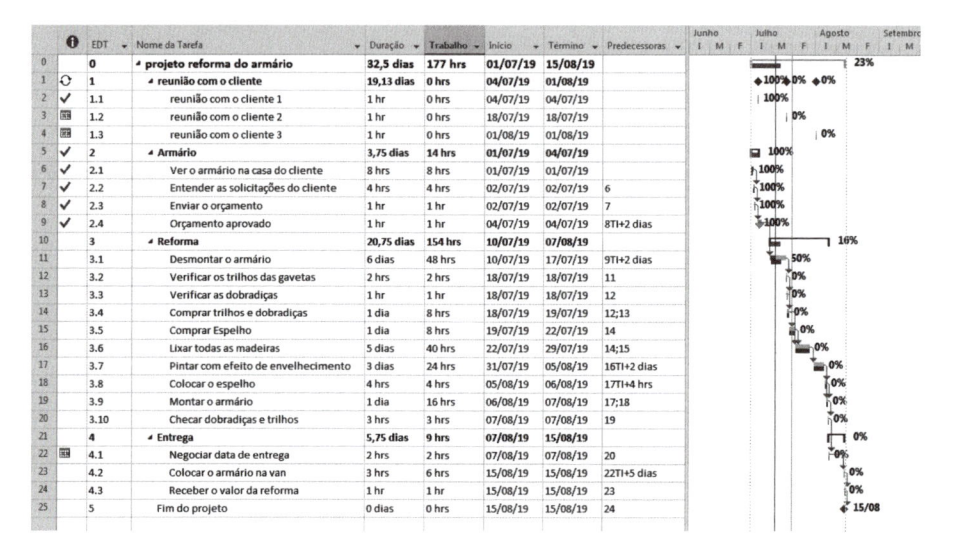

	❶	EDT	Nome da Tarefa	Duração	Trabalho	Início	Término	Predecessoras
0		0	⊿ projeto reforma do armário	32,5 dias	177 hrs	01/07/19	15/08/19	
1	◯	1	⊿ reunião com o cliente	19,13 dias	0 hrs	04/07/19	01/08/19	
2	✓	1.1	reunião com o cliente 1	1 hr	0 hrs	04/07/19	04/07/19	
3		1.2	reunião com o cliente 2	1 hr	0 hrs	18/07/19	18/07/19	
4		1.3	reunião com o cliente 3	1 hr	0 hrs	01/08/19	01/08/19	
5	✓	2	⊿ Armário	3,75 dias	14 hrs	01/07/19	04/07/19	
6	✓	2.1	Ver o armário na casa do cliente	8 hrs	8 hrs	01/07/19	01/07/19	
7	✓	2.2	Entender as solicitações do cliente	4 hrs	4 hrs	02/07/19	02/07/19	6
8	✓	2.3	Enviar o orçamento	1 hr	1 hr	02/07/19	02/07/19	7
9	✓	2.4	Orçamento aprovado	1 hr	1 hr	04/07/19	04/07/19	8TI+2 dias
10		3	⊿ Reforma	20,75 dias	154 hrs	10/07/19	07/08/19	
11		3.1	Desmontar o armário	6 dias	48 hrs	10/07/19	17/07/19	9TI+2 dias
12		3.2	Verificar os trilhos das gavetas	2 hrs	2 hrs	18/07/19	18/07/19	11
13		3.3	Verificar as dobradiças	1 hr	1 hr	18/07/19	18/07/19	12
14		3.4	Comprar trilhos e dobradiças	1 dia	8 hrs	18/07/19	19/07/19	12;13
15		3.5	Comprar Espelho	1 dia	8 hrs	19/07/19	22/07/19	14
16		3.6	Lixar todas as madeiras	5 dias	40 hrs	22/07/19	29/07/19	14;15
17		3.7	Pintar com efeito de envelhecimento	3 dias	24 hrs	31/07/19	05/08/19	16TI+2 dias
18		3.8	Colocar o espelho	4 hrs	4 hrs	05/08/19	06/08/19	17TI+4 hrs
19		3.9	Montar o armário	1 dia	16 hrs	06/08/19	07/08/19	17;18
20		3.10	Checar dobradiças e trilhos	3 hrs	3 hrs	07/08/19	07/08/19	19
21		4	⊿ Entrega	5,75 dias	9 hrs	07/08/19	15/08/19	
22		4.1	Negociar data de entrega	2 hrs	2 hrs	07/08/19	07/08/19	20
23		4.2	Colocar o armário na van	3 hrs	6 hrs	15/08/19	15/08/19	22TI+5 dias
24		4.3	Receber o valor da reforma	1 hr	1 hr	15/08/19	15/08/19	23
25		5	Fim do projeto	0 dias	0 hrs	15/08/19	15/08/19	24

Sobre a autora

Maricy Moreno Tavares é formada em tecnologia em processamento de dados pela Universidade Mackenzie. Possui especialização em análise, projeto e gerência de sistemas pela Universidade Mackenzie, especialização em didática do ensino superior pela Universidade Mackenzie e MBA em gestão de projetos com práticas do PMI pela FIAP. Possui também as certificações Scrum Fundamentals Certified (SFC) e PMO Value Ring Certified Practioner (PMO-CP).

Atua como gerente de projetos e gerente de PMO. É instrutora dos cursos de gerenciamento de projetos e de Excel básico e avançado em várias instituições de ensino, como o Senac São Paulo. Atuou como gerente de projetos na área de engenharia da Usiminas e na área de TI da Brasilprev. Também trabalhou como gerente de portfólio na área de eventos do Comitê Paulista da Copa do Mundo FIFA 2014, como gerente de PMO na área de solução de aplicativos para dispositivos móveis e como gerente de PMO em projetos de TI em empresas alimentícias. É voluntária no PMI-SP desde 2010, tendo atuado como gerente de projetos e de programa pela diretoria de eventos, e atualmente como gerente de portfólio do programa de treinamentos do PDP. Premiada como voluntária nos anos de 2016 e 2018 pelo PMI-SP.

Índice geral

Aba *Relatórios: Custos* 131
Aba *Relatórios: Recursos* 130
Aba *Ver Relatórios: Painéis* 123
Adicionando as informações do projeto 34
Ajustando o calendário do projeto (Atividade) 23
Alocação de recursos (Atividade) 82
Alocar recursos nas tarefas 85
Alterar o tipo de vínculo entre as tarefas 47
Anotações da tarefa 61
Apresentação 7
Atividades 10
Atividades prontas 10
Atualizar o projeto 113
Calendário da tarefa 60
Campo *Data de status* (Atividade) 107
Campo *Tipo de tarefa* 67
Coluna *Tipo de tarefa* ao alocar recursos do tipo *Trabalho*, A 83
Comparar versões do projeto (Atividade) 134
Compatibilização de horários 31
Configuração para Windows 9
Configurações 139
Conhecendo a janela *Informações sobre o projeto* (Atividade) 33
Conhecendo o calendário e as informações do projeto (Capítulo) 21
Conhecendo o Project (Capítulo) 11
Cópias 138
Criando outro calendário no mesmo projeto 29
Criar o cronograma (Atividade) 52
Dados reais das tarefas (atualizar tarefa) (Atividade) 110
Data-limite da tarefa 59
Dividir uma tarefa (split) 65
Duração das tarefas 42
Entender como calcular o caminho crítico (Atividade) 70
Equipamento necessário 9
Estatísticas do projeto 35
Estrutura do livro 9
Execução do projeto (Capítulo) 105
Exercício proposto (Capítulo) 143
Formatar gráficos 124
Impressora 138
Imprimir o modo de visão *Calendário* (Atividade) 137
Incluindo feriados 26
Inserir a linha de base (Atividade) 99
Inserir as informações dos recursos 78

Inserir e excluir recursos 77
Inserir e excluir tarefas (Atividade) 39
Inserir informações na aba *Anotações* 81
Inserir informações na aba *Custos* 79
Inserir informações na aba *Geral* 79
Inserir o *Id0* (zero) no cronograma 55
Inserir o número da indentação 54
Janela *Imprimir* 137
Linha de base do projeto (Capítulo) 97
Modelos de projetos prontos 18
Modo de visão *Gantt de Controle* 99
Monitoramento e controle do projeto (Capítulo) 117
Novas tarefas na linha de base 102
O que é a Série Informática 9
Opções de Nivelamento 92
Outras tabelas 121
Planilha de Recursos (Atividade) 75
Projeto para a reforma de um armário 145
Recursos do projeto (Capítulo) 73
Relatório *Burndown* 123
Relatório *de Comparação* 135
Relatório *de Valor Agregado* 133
Relatório *Fluxo de Caixa* 132
Relatório *Recursos Superalocados* 130
Relatório *Tarefas Futuras* 127
Relatório *Visão Geral do Custo* 128
Relatório *Visão Geral do Projeto* 128
Relatório *Visão Geral do Recurso* 130
Relatório *Visão Geral do Trabalho* 129
Relatórios do projeto (Atividade) 123
Resolver a superalocação de recursos do tipo *Trabalho* (Atividade) 88
Restrição na tarefa 56
Sobre o Project 9
Tabela *Controle* 119
Tabela *Cronograma* 120
Tabela *Variação* 121
Tabelas de monitoramento e controle do projeto (Atividade) 119
Tarefa *Marco* (*Milestone*) 43
Tarefa recorrente ou periódica 62
Tarefas (Capítulo) 37
Tarefas inativas 66
Tela inicial do Project (Atividade), A 13
Templates 19
Tempo de espera entre os vínculos de tarefas (latência) 49
Utilizando o material da Série Informática 10
Vínculos entre as tarefas (Atividade) 46

ANOTAÇÕES

ANOTAÇÕES

ANOTAÇÕES

ANOTAÇÕES

ANOTAÇÕES

MISTO
Papel produzido a partir
de fontes responsáveis
FSC® C122682